Ⓢ新潮新書

有馬哲夫
ARIMA Tetsuo

日本人はなぜ自虐的になったのか

占領とWGIP

867

新潮社

まえがき

私たちは、何でも直接見たり、経験したりすることができるわけではありません。したがってマスメディアと教育は重要です。自分で直接見たり、経験したりしていないものを教えてくれるからです。これらが誤った情報を与えると、私たちはみな誤ったことを信じることになります。

日本のマスメディアと教育は、間違いなど教えないと思いたいのですが、先の戦争とその周辺の時期の日本の歴史についてはそうではありません。これは私の個人的考えではなく、欧米の公文書館にある歴史資料が示している客観的事実です。

また、私たちは、自分たちがこの時期のことについて持っている歴史的知識が世界共通だと思っています。しかし、公文書館にある資料が違う歴史的事実を示しているのですから、当然違いますし、外国の歴史教科書の記述や歴史研究者の論文にもそれは反映されています。つまり、日本の常識は、グローバルな視点から客観的に見て、常識ではないのです。海外に長期滞在した方はこのことに気付いていると思います。

本書は、まず、日本の常識が実は非常識であることを明らかにし、次いで、なぜこのようになったのか、そこに占領期にアメリカが日本のマスメディアと教育に行ったウォー・ギルト・インフォメーション・プログラムがどのような決定的役割を果たしていたのかを実証的に明らかにしていきたいと思います。

インターネットの時代、とくにＳＮＳの時代になって、短さ、単純さ、インパクトの強さを追求するあまり、主張だけ述べ、客観的根拠を挙げず、歴史資料を踏まえず、論理性を無視し、自分と違う考えの人にレッテル貼りし、それを結論とする「歴史論議」が増えてきました。本書はこれに対し、インターネットやＳＮＳではできないこと、つまり、できうる限り多くの第１次資料に基づいて、多方面の知識を織り込みながら、グローバルに、多角的に、論理的に前述のテーマに取り組んでいきたいと思います。

（なお本書の一部は文部科学省科学研究費補助金基盤研究(C)「日本の戦後放送体制に対するアメリカ合衆国反共産主義政策の影響」〈２００６－２００７年〉、「原爆投下決断から原発開発までの米英加の暗闘」〈２０１７－２０２０年〉の成果に基づいています）

日本人はなぜ自虐的になったのか　占領とＷＧＩＰ——目次

第Ｉ部　今ここにあるＷＧＩＰマインドセット

第1章　日本のマスメディアと教育は歴史的事実を教えない

今、ここにあるマインドセット

「占領軍（ＧＨＱ）のウォー・ギルト・インフォメーション・プログラム（以下ＷＧＩＰとします）のことがいろいろいわれているが、日本人はバカではないのだから、そんな70年以上も前のものに騙され続けることなんてあり得ない」という人がいます。最近の論者でいえば『歴史戦と思想戦』を書いた山崎雅弘が挙げられます。[1]　ちなみに、ＷＧＩＰとは、日本人に極東国際軍事裁判（一般には東京裁判と呼ばれる）を受け入れさせるため、占領中にアメリカ軍が日本人に先の戦争に対して罪悪感を植えつけ、戦争責任を負わせるために行った心理戦のことです。

しかし、バカではないのに国民のほとんどが何十年も嘘を信じ込まされている例は多く見られます。現在の北朝鮮、韓国、中国がそうです。北朝鮮では、人民は独裁者を崇拝させられ、彼のいうことを信じ込まされています。異を唱えれば処刑されます。

韓国では、先の戦争で連合軍の一員として日本と戦って独立を勝ち取ったと政治指導者たちが偽り、歴史の教科書に書いているので、それを信じています。[2] 実際には、韓国は1948年（以後1900年代の年号は下二桁のみ記します）に成立しているので、41年から始まった戦争で連合軍の一員になれたはずがありません。19年から対日独立戦争をしていたというのですが、当時の世界のどの国もそう認めていませんでした。

中国では、毛沢東率いる共産党軍が日本軍を打ち破って中国人民を解放したとし、歴史の授業でもそう教えられているので、圧倒的多数の人々はそれを信じています。しかし、日本軍に勝利したのはアメリカやイギリスなどの連合国軍です。そこに蔣介石率いる国民党軍も加わっていましたが、その役割は補助的です。[3]

もうかれこれ70年以上もたっていますが、前述の3カ国の大多数の国民は、いまだに虚偽を信じ続けています。彼らの知能が低いということはありません。そう信じ込ませるようなシステムや制度が存在するからです。

かつて、東ヨーロッパの共産主義国では、「資本主義は堕落していて、共産主義こそ人々を幸福にする」と信じ込まされていました。しかし、これらの国々の人々はもはやそのようには考えていません。むしろ、ＥＵに加入して、かつては非難していた「資本主義国」の仲間入りをするか、またはそれを目指しています。社会体制が変わり、彼らをそうしたマインドセット（教育、プロパガンダ、先入観から作られる思考様式）に陥らせていたシステムや制度が崩壊したからです。

また、特定の宗教指導者をトップとしている国もあります。これらの教義は異教徒にとっては理解しがたいものですし、必ずしも民主主義国家の価値観には合わないかもしれません。しかし、だからといってその国民をバカだなどとは決して言えません。

つまり、人々をマインドセットにおとしいれるシステムや制度が存続する限り、「すべての人々をずっと騙すこと」はできるのです。

このような現在目の前にある現実は、山崎などの主張の反証になっています。反証に十分な反論ができなければ、その言説は虚偽だということになります。

日本人が信じ込まされてきた嘘の数々

日本はこのようなマインドセットとは無縁と思われるかもしれません。しかし、これまで私は28年間にわたって外国（アメリカ、イギリス、カナダ、スイス、オーストラリア、台湾）の公文書を読んできましたが、その知識に照らして、現在の日本には、現代史、それも先の戦争とその周辺の時期の歴史に関して、日本人をマインドセットに陥らせるようなＷＧＩＰ由来の制度やシステムが現存していると断言できます。

ここであらかじめ断っておきますが、私は「右翼」でも「左翼」でもありません。私がこれまでしてきたことは、公文書をもとに、それまでの定説を覆すこと、知られていなかったことを明らかにすることです。したがって、読んだ資料次第で、「右翼的」にも「左翼的」にも、「愛国主義的」にも「反日的」にもなります。

そもそも、このようなレッテルを貼りたがる人は、「その人がどんな根拠に基づいていっているのか」を無視する傾向があります。そして、勝手気ままにレッテル貼りすると、何かわかったような気になって、そのあと深く考えようとしません。こういった人たちの言説は、人種差別的ヘイトスピーチによく似ています。

資料に基づいて歴史を論ずる際の私に政治的スタンスはありません。あったとしても、歴史を論ずる際は、それを捨てることになります。捨てないと、資料が示していることと違うことを主張することになり、資料自体が私の主張の反証となってしまうからです。

さて、とくに欧米の公文書に照らして誤りであることが明らかなのに、日本人が信じ込まされていることに次のものがあります。

1．日本は無条件降伏した。だから旧連合国（アメリカ、イギリス、ロシア、中国など）の日本に対する要求や批判に対して異議申し立てできない。

2．ソ連の対日参戦は、日ソ中立条約に違反しているが、連合国の同意を得ているので正当である（したがって北方領土をロシアが占拠しているのは仕方がない）。

3．先の戦争は太平洋戦争であって、大東亜戦争ではない。当時の日本の国会でこのような名称で呼ぶことを決議したが、にもかかわらず、そう呼ぶのは「右翼」である。

4．占領軍が占領中に行ったことは日本の為の「改革」であった。だから占領中につくられた制度、例えば憲法や教育制度は、変えてはならない。

5．原爆投下は戦争を終わらせるために必要だった。だから正当である。

6．極東国際軍事裁判は、戦争犯罪を日本側にだけ問い、連合国側には問わなかったものだが、それでも正当である。

7．朝鮮人は戦争が終わる45年以前から日本国民ではなかった、ゆえに日本政府は朝鮮人とりわけ、慰安婦や戦時労働者（「徴用工」）だった人々に日本本土出身の慰安婦や戦時労働者などにはしていない補償を無条件でする義務がある。

マスメディアの嘘が日本人の歴史認識を誤らせている

これらの根本から歴史事実と異なる言説を信じると、およそ次のような誤った歴史認識を持ってしまいます。

「日本は無条件降伏したのだから、旧連合国の要求や批判を唯々諾々と受け入れるしかない。ソ連の満州侵攻は日ソ中立条約に違反しているものの、連合国の合意を得ているので国際法上合法だ。だからロシアが北方領土を占拠する権利がある。先の戦争は連合国とくにアメリカがアジア諸国から日本の支配を排除した太平洋戦争であって、欧米列強からアジア諸国を解き放ち共栄圏を作るための大東亜戦争ではなかった。前者は正義の戦争で、後者は悪の侵略戦争だ。ゆえに戦勝国であるアメリカが敗戦国日本を罰し、改造するのは当然だし、そうする権利がある。したがって占領軍のしたことは日本のために行った『改革』だ。『5大改革』のおかげで、日本は戦後生まれ変わり、現在のような民主主義的平和国家になった。これは日本人が自力で自主的にできなかったことだ。そして平和国家を志向する限り、これらを変えてはならない。

また、連合国とくにアメリカは正義の戦争を戦って悪の戦争をした日本に勝ったのだから、極東国際軍事裁判で日本の戦争責任と戦争犯罪だけを追及する正当性を持っている。満州侵攻などはソ連に戦争責任があることは明らかだが、悪の日本を敗戦に追い込むためなのでこれは問わない。連合国側も投降した日本兵の虐殺や無差別爆撃や満州侵攻の際の大量虐殺などがあったが、これも正義の戦争を勝利に導くために行われたことなので、一切裁かれることはない。とくに広島、長崎への原爆投下は、それによって戦争終結が早まり、およそ100万のアメリカ将兵の命が救われたので正当である。

さらに、日本は戦争中『韓国人』や『北朝鮮人』に被害を与えたのだから、賠償するのは当然だ」

程度の差こそあれ、このような歴史観を持つ日本人は決して珍しくありません。それどころかマスメディアや研究者の世界には多数います。その影響は決して無視できるものではありません。

中国と韓国は戦勝国ではない

こうした見方を背景に、中国と韓国は、「日本はアメリカおよび連合国だけでなく、自分たちの『国』とも戦って負けたのだから、自分たちは戦争賠償を求めるなど戦勝国としての権利を持っている」と主張しています。しかし、戦後秩序を決めたサンフランシスコ講和会議において、両国は戦争状態にあった「国」とも戦勝国とも認められませんでした。韓国にいたっては日本の一部でした。したがって、戦後の日本に対する権利や請求権などを定めたこの条約の署名国になっていません。にもかかわらず両国は、これはアメリカが勝手に決めたことで無視できると考えています。

とりわけ韓国は、65年に2国間条約である日韓基本条約を結んで「両締約国（日本と韓国）及びその国民の財産、権利及び利益並びに両締約国及びその国民の間の請求権に関する問題が（中略）完全かつ最終的に解決されたこととなること」を確認しましたが、「朝鮮人慰安婦」や「朝鮮人戦時労働者」は、これとは別の問題であって、（これらのことがあったとき日本の一部であって、国として存在していなかったにもかかわらず）日本に補償を求めることができる、と思っています。

日本のマスメディアは、こういった誤った歴史認識を正すどころか、むしろこれらを肯定する報道をしています。それらが、とくに韓国、中国に利用された結果、日本は領土や補償や外交の問題で不利な立場に立たされ、不当な扱いを受ける事態に立ち至っています。繰り返しますが、欧米の公文書館所蔵の歴史的資料に照らして、このような言説はまったくの虚偽です。私はこれらの公文書に基づいてこのような言説が誤りであることをこれまで雑誌論文や著書に書いて明らかにしてきましたが、多くの日本人の歴史認識を変えるには至っていません。

なぜならば、日本には北朝鮮、韓国、中国とはまた違った、人々をマインドセットに陥らせるシステムと制度があって、それが現在も機能しているからです。そのシステムと制度とは、日本のマスメディアであり、日本の教育そのものです。

太平洋戦争という名称は矛盾だらけ

日本のマスメディアは、歴史資料によって誤りであることが明らかであるにもかかわらず、前述の７つの言説を70年以上も繰り返してきています。

たとえば、ＮＨＫが２０１９年3月9日に放送した『映像の世紀プレミアム・「昭和激動の宰相たち」』では、原爆のきのこ雲が映されたあとで、「日本は無条件降伏した」

とナレーションが続いています。このパターンはこれまでNHKの番組で飽くことなく繰り返されてきました。

NHKといえば、歴史資料をこれ見よがしに画面に映すことをよくしますが、にもかかわらず、日本が無条件降伏していないことを示す日米英瑞《スイス》に残る大量の公文書は読んだことがないのです。重要な歴史的事実を受信契約者に伝える気はないようです。

また、ソ連が対日参戦する際に英米など連合国の合意を得ていなかったことは、ハリー・S・トルーマン大統領とジェイムズ・バーンズ国務長官の回顧録からも明らかなのに、そして、複数の研究者（『暗闘』の著者である長谷川毅《つよし》や筆者など）も指摘しているのに、日本のマスメディアはこれを日本国民に伝えようとしません。[4]

さらに、アメリカはサンフランシスコ講和条約を批准する際に、ヤルタ極東密約（ソ連の対日参戦と引き換えに南樺太、千島列島、満州の利権を渡すという密約）を上院で破棄しており、ゆえにこの密約はいかなる効力もないことも、私が指摘するまでは報道していませんでした。[5]

北方領土のことが何度もニュースになり、国民の関心事になっているのに、こんな基本的で重要な事実を日本のマスメディアのほとんどは未だに報道していないのです。かって占領軍にコントロールされていた彼らは、今はロシアに操られているのでしょうか。

太平洋戦争という名称にしても、占領と言論統制が60年以上も前に終わっているのに、日本のマスメディアは見直そうという議論さえしません。この名称が問題なのは、太平洋地域で戦われていない中国相手の戦争は含まないことになるからです。時期も日中戦争は37年に勃発しているのに、太平洋戦争はその４年後の41年に始まっています。ちなみに、中国では日中戦争は、「抗日戦争」とされています。彼らからすれば当然の呼び方です。したがって、太平洋戦争という呼び方は、ある意味、中国に対する侮辱です。つまり、日本は中国など相手にしていなかったといっているに等しいのです。なのに、中国（国民党の）も参加した極東国際軍事裁判では、これら２つの戦争を１つにまとめて扱っています。ご都合主義もいいところです。

名称としては大東亜戦争のほうが実態にあっているのですが、これだとアジアを欧米列強から解放するための聖戦（日本が戦争中そう唱えていた）になり、日本の戦争に大義があったというニュアンスが出てしまいます。戦争責任を問いにくくなるので、極東国際軍事裁判がうまく行かなくなってしまいます。大東亜戦争だと、アメリカが正義で日本は悪だという単純化ができなくなるのです。

敗者のみが「戦争犯罪者」になる

歴史的にみて、また学問的にいって、正義の戦争や悪の戦争といったものはありません。国というものが王や皇帝のものだった時代は、彼らは勝手な個人的動機で戦争をしました。それにいい悪いはありません。勝って利益が得られて国民にとってもよかったのならそれはいい戦争で、その逆なら悪い戦争です。

国民を総動員し、空前絶後の大きな戦争被害を出した第1次世界大戦のあとになって、ようやく戦争は平和に対する罪であって、戦争を起こした国やその責任者には戦争責任を問い、犯罪者として裁かれなければならないという考えが出てきました。

実際、ドイツ皇帝ヴィルヘルム2世が戦争犯罪者とされましたが、オランダが引き渡しを拒んだので刑を受けることはありませんでした。ただし、第1次世界大戦の責任が本当にドイツにあるのかといえば、そうとはいえないというのが歴史研究から明らかになっています。要するにヴィルヘルムは犯した戦争犯罪と戦争責任ゆえに裁かれたのではなく、戦争に負けたがゆえに裁かれたのです。[6]

これはヨーロッパを戦場とした第2次世界大戦もアジアを戦場とした大東亜戦争（抗

日戦争、太平洋戦争）も変わりありません。大国に圧倒的軍事力で制圧されてしまった小国（ポーランド、オランダ、ベルギー、欧米列強の植民地・属国など）は別として、大国同士（連合国と枢軸国《すうじくこく》）に関しては、それぞれの国益を守るために、それぞれの大義を掲げて、戦争したので、勝ち負けはあっても、どちらに戦争責任があるか、判断できるのは神のみです。

しかし、第2次世界大戦後、戦勝国は、第1次世界大戦の例にしたがって、そして前回よりはるかに計画的に大規模に、戦争裁判を行い、敗戦国の戦争犯罪と戦争責任のみ追及しました。それが正しいことか、十分な根拠に基づいているかといえば、戦勝国の歴史研究者でさえ、疑問視しています。日米戦に関していえば、「日本はアメリカによって戦争に追い込まれた」ということが歴史的事実として確定しています。[7]

とくに指摘したいのは、戦争裁判では、敗戦国を「戦争加害国」（戦争責任を負う）とし、戦勝国を「戦争被害国」（戦争責任を負わない）としているということです。だから「戦争加害国」（敗戦国）の戦争犯罪は問題で、「戦争被害国」（戦勝国）の戦争犯罪は問題ではない、あるいは戦争犯罪などなかったことにしているのです。これは机上の空論ではないでしょうか。実際は、戦争をした国々はいずれも「戦争加害国」であると同時に

「戦争被害国」なのです。

また、戦争被害についても「戦争被害国」（戦勝国）のものだけ認めて賠償を求め、「戦争加害国」（敗戦国）のものは無視して賠償していません。戦後秩序のもとになったのはサンフランシスコ講和条約ですが、このテキストをよく読んでください。この条約では連合国の植民地と属国に対する戦争被害の賠償については事細かく規定してあるのに、連合国の日本に対する戦争被害の賠償の規定はまったくありません。

この論理でいくと、当時の日本国民は、「戦争加害者」であって、「戦争被害者」ではないことになります。広島・長崎の原爆投下の犠牲者も「戦争加害者」であって、「戦争被害者」ではないことになります。満州侵攻で犠牲になった日本人、その他、先の戦争で塗炭の苦しみを味わった日本人に関しても同じです。これは、実態とは相当違うのではないでしょうか。日本国民の圧倒的多数は「戦争被害者」だったからです。

ヨーロッパ、とくにドイツやイタリアでは、すでに戦勝国が押し付けた「戦争加害者」というレッテルを廃し、枢軸国の国民であっても「戦争被害者」と位置づけ、このような視点から現代史の見直しを始めています。

その一例は、ヘルケ・ザンダーとバーバラ・ヨールがまとめた『１９４５年　ベルリン解放の真実―戦争・強姦・子ども』です。[8] 彼女たちは戦争中と占領期のソ連軍兵士によるドイツ人女性のレイプ被害の途方もない実態を明らかにしました。

日本では、朝鮮人慰安婦の研究は多いのに、終戦期（とくに満州侵攻のとき）やその後の日本人女性のソ連軍兵士やアメリカ軍兵士や中国人や朝鮮人によるレイプ被害の研究は皆無です。日本の歴史研究者は、決してバカではないのですが、日本人女性は「戦争加害者」であっても、「戦争被害者」ではないと今も思い込まされているのです。

敗戦国日本のマスメディアが「戦勝国史観」を採る矛盾

先の戦争において敗北した日本だけが悪をなした「戦争加害国」であるという「戦勝国史観」を日本のマスメディアのなかでもっとも強く採る朝日新聞が、慰安婦報道をいち早く始めたのは決して偶然ではありません。もともと日本の戦争を悪だと思っているため、吉田清治《せいじ》の捏造《ねつぞう》した「慰安婦狩り」に飛びついたのです。

現在でも慰安婦報道を全面的に撤回しないのは、この報道に問題があったとしても、やはり日本は基本的に先の戦争で悪をなした「戦争加害国」なのだから報道姿勢を変える必要はないと思っているからでしょう。この「戦勝国史観」に立った報道姿勢が歴史問題においてロシア、中国、韓国に有利に働いていることはご承知の通りです。同じような「戦勝国史観」はNHKの歴史番組にも見られます。

彼らは原爆被害については、欧米の報道ほど直截ではないものの、なんらかの報道をするのですが、なぜ、アメリカは原爆を投下したのか、それは正しいことだったのかは問題にしません。基本的にアメリカ政府の公式見解「原爆投下は100万の将兵の命を救うために行われた」に沿った番組を放送します（第8章でさらに詳しく述べます）。敗戦国日本の公共放送であるNHKは、アメリカが日本の大都市に無警告で原爆を落し、大量虐殺したことが正しいかどうか議論する必要もないと思っているようです。

このような偏向した報道姿勢も、アメリカが占領したときに日本のマスメディアに課した、次のようなプレス・コードを今も順守しているからだと考えれば説明がつきます。

第3条「連合国に関し虚偽的又は破壊的批評を加えてはならない」

第4条「連合国進駐軍に関し破壊的に批評したり、又は軍に対し不信又は憤激を招くような記事は一切掲載してはならない」

（なお朝鮮人は48年までは「国」を持っていませんでしたが、「朝鮮を独立させる」というカイロ宣言に基づいて、占領初期の日本国内で「連合国」の国民に類する扱いを受けていました）

極東国際軍事裁判の欺瞞

これと表裏一体となっているのが、極東国際軍事裁判です。この裁判では、南京やマニラでの日本軍の虐殺行為が裁かれていますが、なぜ原爆投下は裁かれないのでしょうか。無警告で民間人が多く住む都市を無差別に爆撃することは、第２次世界大戦でも効力を持っていたハーグ陸戦法規にも反する明らかな戦争犯罪です。

そもそもこの法規には「戦争加害国」や「戦争被害国」といった規定はありませんし、さらに念を押しておくと、「戦争加害国」はこの法規を守らなければならないが「戦争被害国」は守らなくていいとも書かれていません。もともと、このような概念は戦争のあと戦勝国によって事後的に作られたものなのです。

広島と長崎は日本軍が駐屯していたり、軍事施設があったりしたので軍事目標だというアメリカ人がいますが、だとしても、数十万の民間人がそこにいる以上、警告を与え、退避のための十分な時間を与えなければ、戦争犯罪になります。これは戦争の善悪や勝敗とは別次元の問題で、実行の時点で戦争犯罪なのです。

広島でも長崎でも一般市民に対する警告や退避勧告は行われませんでした。南京とマニラで起こったことが虐殺ならば、広島と長崎で起こったことも虐殺です。南京事件とマニラ市街戦の責任者が死刑に値するなら、当時アメリカ軍の総司令官でもあったハリー・S・トルーマン大統領も絞首刑に値します。

私は決して日本軍が行った南京事件やマニラ市街戦を相対化しようとしているのではありません。片方はあてはめて、もう片方はあてはめないというダブルスタンダードは許されないと言っているのです。そして、戦勝国は「戦争被害国」であり、敗戦国は「戦争加害国」であって、後者が前者に行った戦争犯罪は追及するが、前者が後者に行った戦争犯罪は不問に付すという、戦勝国が力によって事後的に敗戦国に押し付けたルールは、正当性を持たないと言っているのです。

慰安婦問題は日韓の問題ではない

さらに韓国・北朝鮮に関連する歴史問題です。韓国も北朝鮮も戦前は日本の一部であって、48年になってから建国されたのですから、この年以前のことは、基本的に日本対韓国、日本対北朝鮮の問題ではありません。もちろん、戦争などしていないのですから「戦争加害国」と「戦争被害国」の問題でもありません（ただし、韓国側は日本と独立戦争を戦ったと教科書に書いています）。しかし、日本のマスメディアの報道は、日本対韓国、日本対北朝鮮の問題だという前提で報じています。

たとえば、日本のマスメディアの慰安婦報道を見ていると、日本は「加害者」で朝鮮人女性（のちの韓国人女性と北朝鮮人女性）は「被害者」だという位置づけになっています。とくに朝日新聞は、日本軍が朝鮮人女性だけを慰安婦にしたかのようにミスリードしましたが、それはこの構図に基づいています。しかし、実際には慰安婦のゆうに半数以上は日本人女性でした。日本軍の慰安所についてのアメリカ軍の報告書がありますが、日本人女性と朝鮮人女性は同一料金で、中国人女性よりも１円高くなっていました。つまり、彼女たちは出身地こそ違え日本国民とみなされていたのです。[9]

彼女たちは日本軍によって強制されたのではなく、貧しさゆえに、彼女たちの親族や親戚や知り合いに「因果《いんが》を含められて」（いわゆる広義の強制によって）慰安婦になったのです。行先が慰安所だったということ、それが場合によってはかなり危険な戦地にあったというほかは、一般の売春所と基本的に変わりありません。実際慰安婦の多くは、慰安所に来る前は一般の売春所にいたのです。

これは日本軍対朝鮮人女性という問題ではありません。もちろん「戦争加害国」と

「戦争被害国」という問題でもありません。軍事売春の人道性の問題です。ただし、軍事売春を含め売春そのものは、当時多くの国で合法だったということは念頭に置いておく必要があります。なぜそういうかというと、国連人権委員会の特別報告者ラディカ・クマラスワミを含め慰安婦問題で日本を非難する人々は、現在の売春に関する国際法や国内法を70年以上も前の日本にあてはめて非難するということをします。[10] これは時際《じさい》法《ほう》の論理、つまり、そのときのことにはその当時の法律で判断するというルールに反しています。日本軍の慰安所は、当時の国内法や国際法に照らして違法ではありませんでした。彼女の報告書の主張には多くの反証を挙げることができます。

さらにいえば、国連人権委員会がクマラスワミに付託したのは、現在の女性に対する世界中の性暴力の現状を調査し、その撲滅のための方策を考えることです。事実、彼女の報告書の本体は、中近東の産油国で東南アジアのメイドが雇い主にレイプされていること、インドやチベットで少女が人身売買されていること、あるいは、世界各国で夫が妻の同意を得ずに性行為に及んでいることなどを問題にしています。あくまでも現在および未来のことを問題にし、特定の一国を非難することをしていません。

にもかかわらず、彼女の報告書の日本軍に関する付属文書だけが、なぜか付託事項を逸脱し、日本だけ、それも過去のことを問題にしています。彼女の公平さが疑われます。

この問題はむしろ世界的視野から未来志向で、反売春・軍事売春という文脈で、人道上の問題として国際連合で論ずべきものです。決して日韓2国間限定の外交問題として論ずべき性質のものではありません。

百歩譲って慰安婦たちが日本軍の軍事売春の被害者だというのなら、朝鮮人女性や中国人女性や現地女性だけでなく、日本人女性も謝罪と、賠償の対象にする必要があります。それなのに、朝日新聞など日本のマスメディアは、日本と韓国の2国間の問題であるかのようにミスリードするのです。それに韓国が便乗しているのです（第9章で詳述）。

朝鮮人戦時労働者問題も誤認だらけ

同じことは、近年浮上してきた朝鮮人戦時労働者の問題についてもいえます。まず、彼らは当時日本国民であり、動員されれば日本国民としての義務を果たさなければならなかったことを確認しておく必要があります。よく韓国は「日本政府は中国人徴用工には賠償している」と不満を言うのですが、中国人は当時も今も外国人ですし、彼らの多くはたしかに強制的に朝鮮半島や日本本土に連れてこられた人々だったのです。

朝鮮人戦時労働者の場合は、その大多数は、賃金が高いので自発的に朝鮮半島の日本の大企業や日本本土へやってきました。なるほど日本政府は朝鮮半島でも国民徴用令にもとづいて徴用を実施しましたが、それは44年9月になってからです（日本本土では39年7月）。その際には募集に困難があり、半強制的手段も取られたようです。なぜならば、そのときまでには、大多数の朝鮮人労働者はすでに日本本土で働いていたからです。事情があって残っていた人々だから半強制だったのです。それが問題だという人もいるでしょうが、考えてみて下さい、日本人だってこれは同じだったのです。

もし、彼らに賠償しろというなら、日本人戦時労働者にもしなくてはなりません。これには軍需工場などで「勤労奉仕」（やはり半強制の）した学生や生徒も含まれます。広島や長崎では、「勤労奉仕」で屋外にいた生徒たちも相当数、原爆の犠牲になりました。

ですが、日本政府は、このような日本国民の戦時労働者に賠償はしていません。徴用に応じるのも当時の国民の義務だったからです。国際法でもこのような徴用は強制労働とみなしていません。そして、朝鮮人戦時労働者は当時日本国民だったのです。日本人に比べて徴兵（日本本土では1873年1月、朝鮮半島では44年9月から実施）も動員も、時期も遅く、人数も少なかった事実を見ると、日本人が受けなかった賠償を朝鮮人だけが受ける理由がさらになくなります。

また、韓国人はよく旭日旗を「戦犯旗」と呼んだり、財閥系の日本企業を「戦犯企業」と呼んだりしています。まるで、48年になって韓国人になった朝鮮人には「戦犯」がいないかのようです。しかし、繰り返しますが、45年以前は朝鮮人も日本国民なのですから、日本軍兵士として朝鮮人も戦争犯罪者とされ、処刑されたりしました。これは厳然たる事実です。日本が「戦争加害国」なら、その国民だった彼らも「戦争加害者」です。

そもそも、彼らは「お国のために戦った」のですが、その「お国」とは彼らが住んでいた当時の日本の領土である朝鮮半島を含んでいました。慰安所の経営者のなかには朝鮮人も少なからずいたので、彼らも「戦犯」だということになります。「戦犯」という言葉はブーメランのように彼らにも返っていくのです。ときどき目にする「戦犯国」（日本のこと）、「戦犯国民」（日本国民のこと）にも同じことがいえます。

さすがに日本のマスメディアが旭日旗を「戦犯旗」、財閥系の日本企業を「戦犯企業」と呼んだりすることは、私の知る限りではないようですが、韓国という国が終戦の前から存在し、韓国人が日本の戦争の被害者であるという錯覚に陥っている例はよく見かけます。朝日新聞の慰安婦報道の根底にあるのもこの錯覚です。

学校というマインドセット機関

日本人をマインドセットに陥らせているという点では教育はマスメディア以上の影響力を持っています。例えば、前述の言説が誤りであることを歴史資料から明らかにした拙著『歴史問題の正解』が好評だったので、私はまだ頭のやわらかい高校生にこの本の内容を講演したいとその方面の関係者に申し出たところ、「教員や父兄から苦情がでるだろうから希望する高校はまずない」という答えが返ってきました。現代史のなかでも問題になっていること、マスメディアで頻繁に取り上げられていることが、欧米の公文書にはどう記述されているのかを生徒に見せるのは意義深いことで、一部の生徒は関心を持つに違いないと思っていたので、なぜ苦情がでるのか私には理解できませんでした。

しかし、他の関係者も、そのような講演を受け入れるのは、きわめて「特別な」私立高校で、数もせいぜい1校か2校だろうといわれました。これでは私がいくら欧米の公文書館から新資料を発見し、それをもとに、前述の言説を覆す論文や著書を書いてもほとんど意味がないということです。これは埼玉県の教育委員長を務めたこともある高橋史朗がその複数の著書において問題視してきた教育現場の状況です。

日本のマスメディアおよび教育機関は、子供たちに占領軍が行ったことを「改革」と呼ばせ、日本を民主化するためにアメリカ・占領軍が行ったことだと教えます。入学試験でもそれを正解としています。これは絶大な効果を持っています。

教科書で教わった「戦後改革」は偽りだった

確かに、戦後の日本は戦前に較べてはるかに自由で民主主義的な国になったことは事実です。しかし、それは占領軍が行った「改革」が成功したことによるものでしょうか。敗戦によって軍国主義が崩壊したことによるものだとすれば、別にアメリカの占領政策がなくても、日本人が自力でできたのではないでしょうか。

そもそも占領軍は、日本のために、日本をよくするために「改革」を行ったとはいえません。そうではなく、アメリカのために、日本をアメリカにとって都合のいい国にするためにそれらを行ったのです。

このことを如実に示す事実があります。それは占領軍の政策が一貫していなかったことです。つまり、占領軍は大体48年前後を境として、それまでしていたこととはまったく逆のことをしているのです。これは、「占領政策の逆コース」と呼ばれ、アメリカの歴史研究者ハワード・B・ショーンバーガーの古典的研究『占領1945〜1952―戦後日本をつくりあげた8人のアメリカ人』などによってよく知られています。[11]

終戦直後から占領軍は「軍閥打倒、財閥解体、旧体制指導者追放」を始めました。ところが48年前後からは「一部軍人復活、財閥保護、旧体制指導者復活」へとほぼ逆の方針を取ります。その理由は、朝鮮半島の北側に朝鮮人民共和国が建国されただけでなく、中国の内戦においても、共産党軍の勝利が確実な情勢になったからです。

したがって、アメリカの国益として、日本を「共産主義に対する防波堤」として強化していかなければなりませんでした。そこで、一部旧軍人たちを復活させ、再軍備に向けての準備をさせます。労働組合支持一辺倒だった姿勢を改め、経営者側に寄り添い始め、財閥や大企業の弱体化に歯止めをかけます。そして、旧体制指導者たちを巣鴨プリズンから釈放し始めます。しかも、占領が終わってからではなく、終わる前から公職追放を解除しています。

「改革」ではなくご都合主義のアメリカ化

占領政策が日本のために、日本を真の民主主義国家にするために行われたのならば、このように占領政策のベクトルが途中で逆転するということは起こり得ません。アメリカの国益が、東アジアの情勢、とくに中国の内戦で共産党軍が勝利したことによって変わったので、このようなことが起こったのです。

ところで、アメリカがポツダム宣言で明らかにした占領目的とは、次の３つです。

「日本を非軍事化する（第６条）」、「日本を民主化する（第10条）」、「戦争犯罪者を裁く（第10条）」

このうちとくに問題になるのが２番目ですが、前にも述べたように、そのためにとった占領政策が一貫せず、途中で「逆コース」をたどったことを見れば、アメリカのいう「民主化」なるものが、アメリカにとって都合のいい体制にすることであって、日本のために行った真の「民主化」だったとは思えません。

この時期に占領軍が「民主化」した日本の教育制度についても同じことがいえます。これは「民主化」というより、アメリカに都合のいい「アメリカ化」でしょう。その証拠に占領軍が導入させた６・３・３・４制はアメリカ（ヴァージニア州）のものです。また、戦後導入された教育委員会もアメリカのものをモデルにしています。だから、木に竹を接いだような日本の教育委員会は、政府と地方自治体の板挟みになり、うまく機能しないのです。

民主化するといいながら、占領軍は露骨な政治干渉すらしました。46年総選挙で勝利して、政権の座につこうとした鳩山一郎を「ナチスを礼賛した」といいがかりをつけて公職追放しました。55年には、逆に巣鴨プリズンに入れたこともある岸信介を支援し、のちに総理大臣になるのを助けたりしています。彼がＣＩＡ（中央情報局）から秘密政治資金を得ていたことは、よく知られています。[12]

日本が真に民主的な国になることを望み、それをアメリカの国益に優先させたのなら、このようなことは起こりえません。

憲法とりわけ第９条についてはいろいろ意見があると思います。これが戦後の平和国家日本の礎になったのだと思っている人は多いでしょう。そうだとしても、忘れてならないことは、これは日本を非軍事化するための占領政策の一環だったということです。

にもかかわらず、アメリカは東アジア情勢が一変すると、手のひらを返して、日本に再軍備を求め続けてきました。今日、憲法、それも第９条をもっとも邪魔だと思っているのは、日本よりもアメリカの保守政治家だということは間違いありません。

占領軍の「改革」賛美はもうやめよう

このように、アメリカ・占領軍のしたことは、そのときどきの都合で変わり、一貫性がないのです。したがって、これらを「改革」と呼んで賛美するのはもうやめるべきだと思います。それがマインドセットとなっているからです。

マスコミュニケーション理論に、回路形成（チャネリング）理論というのがあります。やわらかい土の上に水を流すと、溝が形成され、そのあと何度水を流しても、同じ溝を流れることになります。回路が形成されてしまったからです。[13]

北朝鮮の人民がマインドセットに陥って独裁者に従っているのはこれで説明できます。韓国や中国の人々が事実に反する歴史を信じているのもこれと同じです。

占領軍が行ったことを「改革」と呼べば、彼らが日本のためにいいことをしたのだとマインドセットに陥らせると同時に、戦前・戦中の日本は間違ったこと、悪いことをしていたと思いこませることになります。そして、そのようなマインドセットで戦前・戦中、戦後の日本の歴史を見ることになります。

マインドセットに陥った人は、単に強い思いこみを持つだけでなく、物事のある面を見て、他の面を見なくなります。占領軍が「改革」をしたと思っている人は、戦前・戦中、戦後の日本の悪い面だけに注目して「やはりこの時期の日本は悪いことばかりしていたのだ。それを占領軍は正したのだ」と思いこみます。そしてアメリカ軍など連合軍が無差別爆撃や原爆投下をして国際法に違反していたという事実には眼をつむります。こうして、マインドセットをいよいよ強固なものとしていきます。

マインドセットに陥ると歴史的事実を受け入れなくなる

このような人は、欧米の公文書館にある歴史的資料に基づいて客観的歴史的事実を示しても、それが自分の思い込みを肯定するものなら受け入れますが、否定するものならば無視します。「これは多くある資料のなかから都合のいいものを持ってきただけだ」とか「これは資料のほうがおかしい」とさえいうのです。過去、私はそういう人に何度も批判されてきました。この人たちが望んでいるのは、歴史的事実を知ることではありません。自分が思い込んでいることを肯定してもらうことです。彼らにとって前者は不快で、後者は心地よいからです。

彼らに根気強く歴史的事実を説明しようとすると、たいてい怒りだします。何かの信仰を持っている人に、その信仰を否定するような客観的事実を告げたりすると怒りだしますが、それと同じ反応を示すのです。

朝日新聞が慰安婦の誤報をしても400万人（実売数はこのくらいといわれている）もの読者が離れないのは、戦後のマスメディアや教育によってマインドセットに陥っている彼らにとっては、「慰安婦」報道によって自分の思い込んでいることが肯定されるので心地よいのです。朝日新聞以外の反日的メディアを読者が支持するのも同じ理由からです。

これにコミュニケーション効率の問題が加わります。コミュニケーションがもっとも効果的になされるのは、受け手が思っているのと同じ内容を送り手が伝えたときです。反対に、ほとんど効果がないのは、受け手が思っているのとまったく反対の内容を送り手が伝えたときです。例をあげれば「日本軍は悪いことばかりしていたから朝鮮人女性を奴隷狩りのようにして集め、収容所のようなところに閉じ込めて性奴隷にしたに違いない」と思いこんでいる人にとって朝日新聞の「慰安婦」報道はきわめてコミュニケーション効率の高いものだといえます。反対に「日本人は規律を重んじ、性格も他の国の人々に比べて優しいので、そんな不法で、非人道的なことをしたはずはない」と思っている人にとって朝日新聞の「慰安婦」報道はきわめてコミュニケーション効率の低いものだといえます。

これにさらに既知と未知という要素が加わります。一般に既知のものはコミュニケーション効率が高く、未知のものは低くなります。また、それを理解するための労力も、既知のものは低く、未知のものは高くなります。「日本軍は悪いことばかりした」と思い込んでいて朝日新聞の「慰安婦」報道を多く読んでいる人にとって、「日本軍は朝鮮人女性を奴隷狩りのようにして集め、収容所のようなところに閉じ込めて性奴隷にした」という内容はコミュニケーション効率が高いのです。

反対に「日本軍は、慰安婦募集に際しても、慰安所の運営にあたっても日本の国内法に準拠していた。したがって、奴隷狩りのようなことはなく、収容所に監禁して性奴隷にしたという事実は、少数の例外を除いて、なかった。そもそも慰安婦のゆうに半数以上は日本人女性だった」という歴史的事実は、朝日新聞の読者にとって、きわめてコミュニケーション効率の低いものなのです。

第1に、それは彼らが思っていることとは違うからです。第2には、それが彼らにとって既知の内容ではなく、未知の内容だからです。第3は、第2と関わりますが、それが未知の内容であるがゆえに、理解し、咀嚼するためには、新しい知識を学び、それを消化する労力が必要になるからです。この労力をかけて新しい知識を得るということをほとんどの人は、学校を修了すると同時にしなくなります。したがって前述の歴史的事実はコミュニケーション効率がもっとも低いものだといえます。

さらにいえば、新聞やテレビはマスメディアです。つまり、ターゲットは少数の知識層ではなく、大多数の大衆です。大衆に売ることで成り立っている営利事業です。

コミュニケーション効率の高い内容を報道すれば、大衆から「反響」（そして利益）を得られますが、コミュニケーション効率の低い（しかし歴史的事実に忠実な）内容を流しても「反響」は得られず、利益もあがりません。こうして「反響」が得られるものは続け、得られないものはやめるという循環が続きます。占領期にＷＧＩＰなどのマインドセットで植えつけられてしまったものをマスメディアがその後もそのまま報道し、改めないという状況が定着してしまいます。

占領が終わって60年以上も経つのに、未だに日本のマスメディアと教育が占領軍の検閲を守り、占領軍に操られているのと同じ状態が続くのは、このようなメカニズムによるものです。これは過去の問題ではなく、今私たちが直面している深刻な問題なのです。

第2章　なぜいまWGIPなのか

江藤はNHKと闘っていた

　過去にWGIPの実態や問題点を論じてきた研究者は何人かいました。その代表は『閉された言語空間』で知られる江藤淳《じゅん》です。同書は占領下における検閲とWGIPについて膨大な第1次資料をもとに論じたものです。本章では江藤を始めとした研究者の論考と、それに対立する研究者の主張を見たうえで、私がどのようなスタンスでWGIPを論ずるのか述べましょう。

　江藤淳は、『忘れたことと忘れさせられたこと』のなかで、日本は無条件降伏していないことを終戦後の日本の新聞記事の分析をもとに明らかにしました。[14] たしかに、彼が多数引用した新聞記事を読むと、日本が無条件降伏していないこと、敗戦直後の日本人もそう思っていたことがわかります。

　にもかかわらず、日本のマスメディアは、占領軍の言論統制のもと徐々に報道姿勢を変え、その後は無条件降伏したと報道し続けるのです。

前章でも述べたように、ＮＨＫは飽くことなく原爆のきのこ雲が映されたあとに「日本は無条件降伏した」とナレーションを続けています。

江藤はまた『一九四六年憲法―その拘束』のなかで、占領軍の検閲項目の細則のなかに「ＳＣＡＰ（連合国軍総司令部）が憲法を起草したことに対する批判」という１文があることを目ざとく見つけました。[15]この上位の規定であるプレス・コード第３条には「連合国に関し虚偽的又は破壊的批評を加えてはならない」とあります。もし「占領軍が憲法を起草した」ということが虚偽なら、わざわざこの細則を設ける必要はありません。ということは、占領軍が憲法を起草したというのは事実なのです。

江藤はさらに、当時の総理大臣幣原喜重郎《しではらきじゅうろう》がマッカーサーに憲法のなかに「戦争放棄」条項を入れることを願いでたというエピソードが捏造であることを明らかにします。[16]

この条項はマッカーサーが日本側に渡した「マッカーサー・ノート」にあるばかりでなく、当初は、驚いたことに、「自国の安全を維持する手段としての戦争をも放棄する」とあったのです。[17]しかもマッカーサーの副官コートニー・ホイットニーは、次のような口封じさえしていました。

改正案ハ飽クマテ日本側ノ発意ニ出ツルモノトシテ発表セラルルコト望マシク万一米国提案カ世間ニ漏レルトキハ甚シキ双方ノ不為ナレハ秘密保持ニ甚大ノ注意ヲ払ハレ度ク尚改正案ハ総選挙前ニ発表スルヲ適当トス

（改正案は飽くまで日本側の発意から出たものとして発表されることが望ましい。万一米国が提案したことが世間に漏れたときははなはだしく双方に不都合なことになるので秘密保持には最大の注意を払ってもらいたい。なお、改正案の発表は総選挙の前にするのが適当である。※以下長い引用は**ゴシック体**にします）

これらの事実は、現在の大多数の日本人の憲法観を根底から覆すものです。これが隠蔽されたことにより日本人は誤った憲法観を持つに至ったのです。

それでもＮＨＫはこの事実を偽ろうとします。たとえば、ＮＨＫは２０１７年４月30日放送の『憲法70年〝平和国家〟はこうして生まれた』で「戦争放棄」条項を入れたのも日本人だったという番組を放送しています。しかも、同番組は江藤の主張に対していかなる反証も挙げず、個人的証言に基づいて「日本人が考え出した」としているのです。都合の悪いこと、つまり反証は一切無視しているのです。ＮＨＫだけでなく、日本の他のマスメディアの多くもこの説を信じ、読者や視聴者に誤った情報を垂れ流しています。

江藤の関心はＷＧＩＰに向かった

江藤の関心が、日本人の重要な認識、すなわち歴史認識と憲法観を今日でも歪めている検閲と情報コントロールとりわけＷＧＩＰに向かったのは当然でした。

彼は『閉された言語空間』で、アメリカ国立公文書館分館所蔵の膨大な占領軍関連文書を渉猟《しょうりょう》し、検閲がいかに用意されたのか、いかに実施されたのか、そしてＷＧＩＰがいかに不当なものであったかを明らかにしました。とくにＷＧＩＰのなかでも重要な「太平洋戦争史」という情報プログラムについては次のように表現しています。

戦後日本の歴史記述のパラダイムを規定するとともに、歴史記述のおこなわれるべき言語空間を限定し、かつ閉鎖したという意味で、ほとんどＣＣＤの検閲に匹敵する深刻な影響力を及ぼした宣伝文書。[18]

ＣＣＤとは検閲支隊（Civil Censorship Detachment）のことです。つまり、検閲とＷＧＩＰが車の両輪となって日本人の歴史認識を歪めたということです。この一文は本書にとっても重要ですので記憶しておいていただきたいと思います。

教育者髙橋もＷＧＩＰに向かった

江藤が指摘した問題点は、教育においてもきわめて重要だということはいうまでもありません。したがって教育者である髙橋史朗が江藤と同じような問題意識を持って数々の著書を書いているのは不思議ではありません。彼の著書のなかにはそのタイトルもまさしく『歴史の喪失』があります。

髙橋はこの著書を広島の原爆ドームの世界遺産登録に対する元長崎市長本島等《もとじまひとし》の信じがたい反応の記述から始めます。96年ユネスコ世界遺産に広島の原爆ドームが登録されたとき、広島市長平岡敬《たかし》が「人類史上最初の被爆の惨禍を伝える歴史の証人として、原爆ドームが国際的に認められたことは大変意義深い」と述べたのに対し、本島は「広島に大戦への反省があれば、世界遺産登録はなかった……原爆の惨害は多く語られている。

しかし原爆投下の原因は語られることは少ない。私はここでそれを語らなければならない。広島は戦争の加害者であった」と批判したのです。[19]

高橋が問題にしているのは、当然ながら「原爆投下の原因は広島が戦争の加害者だったから」という認識です。つまり、広島は戦争の加害者である以上は原爆を落とされても仕方がない、アメリカは正義を行ったのだ、という考えかたです。これは、あとで詳しく見るように、まさしく占領軍がＷＧＩＰによって日本人に植えつけたものです。

もちろん高橋が批判するのは本島のような日本人の原爆投下に対する意識だけではありません。日本の教育の現場において、先の大戦とその周辺の時期のあらゆることがこのような認識のもとで教えられていることを深く憂慮しています。彼が江藤は触れなかった慰安婦の問題をとりあげているのも当然です。[20]「日本は戦争加害国である、だから何でも近隣諸国に謝罪を求められたら謝罪し、賠償を求められたら払うのは当たり前である」という誤った認識が、慰安婦や戦時労働者の問題を生んだことはいうまでもありません。

高橋はさらに、このようなマインドセットを生み出した元凶であるＣＩＥ（Civil Information and Education、民間情報教育局）が行ったＷＧＩＰ、とりわけ「太平洋戦争史」

について詳述していきます。髙橋は江藤と違ってＷＧＩＰ文書をアメリカ国立公文書館分館から直接入手していました。したがって、彼のほうが江藤よりもＷＧＩＰ文書を多く紹介しています。このためか、江藤が検閲をメインにしてＷＧＩＰを従としているのに対し、髙橋は後者をメインにしています。この意味で、ＷＧＩＰに関しては、髙橋の方が先駆者だったといえます。

髙橋は「日本人洗脳計画」と章題をつけた第３章でこのＷＧＩＰ文書をふんだんに引用したあとでこのような結論にたどりついています（カッコ内は筆者注）。

> それまで使ってきた修身・地理・歴史の教科書はすべてストップされ、占領軍の指導によって、文部省が『太平洋戦争史』（ＣＩＥが作った本）を学校で教えるように、という通達を出しました。ここで完全に歴史の断絶が始まり、パラダイム転換が起きたわけです。……そのように他人（アメリカ）が書いた、しかも日本そのものの否定から始まった太平洋戦争史観を自分の物語と信じてきた日本が今どうなっているのか。国家も個人もアイデンティティーを喪失し、自分がいったい何なのかわからなくなってしまっています。戦後五十年たって、日本人は独特な精神構造を持つに至りました[21]

たしかに本島市長の「広島は戦争の加害者であった」という発言は、髙橋のいうように、ＷＧＩＰマインドセットに陥った結果、自分の歴史を喪失し、自分が日本人、それも被爆都市長崎の市長であるというアイデンティティを忘れた結果でてきたものだとしか考えられません。

いうまでもなく髙橋のこの結論は江藤の「戦後日本の歴史記述のパラダイムを規定するとともに、歴史記述のおこなわれるべき言語空間を限定し、かつ閉鎖した」とパラレルになっているものです（髙橋はアメリカ国立公文書館分館で資料収集していた江藤と会って話したことがあると私に語っています）。

しかし、髙橋がこのようなことを述べた一連の労作を発表してきたにもかかわらず、日本の歴史教科書は、基本的に占領軍が押し付けた「戦勝国史観」と「太平洋戦争史観」をとっています。彼は扶桑社の歴史教科書の監修をしましたが、この教科書はほとんど採択されませんでした。日本の教育は、彼の教科書を採択しないまでも、彼が著書で指摘した歴史教育の歪みは是正しなければならないのですが、これもなされていません。

国連ウォッチャー関野もWGIPに向かった

髙橋の著書のあとは、江藤淳が『閉された言語空間』で使用した幻のWGIP文書を発掘したとして、市井の研究者である関野通夫が『日本人を狂わせた洗脳工作』というブックレットを出版します。

関野は、この本で、自分がWGIPに興味を持ったのは、「慰安婦の真実国民運動」の一員としてジュネーヴの国連人権委員会に出席したときの経験がきっかけであると書いています。関野はそこで「日本を貶めることならなんでも良いとばかり、国連に一方的な見解を吹き込み、また〝4ナイ〟である人権委員会の委員に、彼ら（日本の人権派弁護士）の意見を代弁」させているのを見ます。この4ナイを関野は次のように説明しています。「結論を導くのに使った情報（証拠）の検証を行わナイ」「類似案件についての比較考証を行わナイ」「反証についての考究を行わナイ」「法（条約を含む）についての基本的知識を持たナイ」。つまり、ほとんど知識がなく、また学習意欲もない国連人権委員に日本人弁護士がありとあらゆる日本を貶めることを吹き込んで、その結果、慰安婦問題において日本に不利な決議がなされているというのです。

私は「１９９６年、日本の『慰安婦問題』反論文はなぜ封印されたか」[22]という論文でクマラスワミ報告書が出てくる背景をアメリカの国務省文書を使って書きましたが、たしかに国連人権委員会に常駐する日本人弁護士がそのような活動をして、関連知識がほとんどなく、論理的思考ができない人権委員を、日本にとって不当な決議に誘導しているという認識を持ちました。

関野は、このような人権派弁護士がでてくるのはＷＧＩＰのマインドセットが影響していると考えたのです。そこで彼は、当時のウィキペディアのＷＧＩＰの項目の記述では、「江藤がアメリカの友人から譲りうけたといっているものの、その出所が定かではない」とされていたＷＧＩＰ文書を、前述の髙橋と勝岡寛次に協力を仰いで探すことにしました。勝岡は蒼天社出版の「国立国会図書館所蔵ＧＨＱ／ＳＣＡＰ文書目録第２巻ＣＩＥ／民間情報教育局」を関野に貸し与えたということです。関野はこれもまた髙橋と勝岡の助けを借りて、その目録に記載された２万５千点から絞り込んでＷＧＩＰ文書を見つけたと述べています。そしてブックレットのなかでＷＧＩＰ文書の現物のコピーを示しつつ解説を加えています。彼が強調するのは、占領軍がＷＧＩＰを使って日本人の心理を操作して極東国際軍事裁判を受け入れさせるやり方がいかに卑劣で不当なものだったかということです。

余談ながら、少し不思議なのは、関野が「発掘した」とするＷＧＩＰ文書のほとんどは、実は髙橋の前述書のなかですでに引用されているということです。つまり、関野が「発掘する」以前に髙橋が現物を入手していて、彼の著書のなかでかなり詳細に紹介し、かつ、分析しているということです。２人の間でうまくコミュニケーションがとれてなかったのでしょうか。

江藤、髙橋、関野に共通するもの

ここで強調しておきたいのは、江藤、髙橋、関野は、遠い昔に終わってしまったことではなく、現在のことを問題にしているのだということです。過去においてどうだったかではなく、それが今どのような問題を生んでいるかということです。彼らが歴史に向かうのは、現在ある問題がどうして生まれたかを明らかにするためです。それを示せば、まず、それが問題であること、そして、どう改めるべきかわかると考えているのです。

彼らに共通していることは、歴史資料から占領軍の検閲とＷＧＩＰが日本人の歴史認識を歪めたという明白な事実を示しているのに、なぜ日本のマスメディアと教育は、歴史的事実に反した報道や教育内容を改めないのかという問題意識です。

とりわけ「戦勝国史観」と「太平洋戦争史観」を中国と韓国が外交に利用した結果、日本が外交において不当に不利な立場に追い込まれていることは明白なのに、それを変えようとする動きがほとんど見られないのです。それを指摘し、変えるべきだというと「歴史修正主義者」とレッテル貼りをされます。「歴史修正主義者」とはもともと、連合国側が自らの「戦勝国史観」を否定する研究者を指していう言葉です。それを「敗戦国」である日本のマスメディアや「知識人」が使っているのは、笑えない皮肉です。

占領が終わって60年以上もたつのに、これでは占領軍の検閲とWGIPによるマインドセットから日本のマスメディアも教育も脱していないと考えざるを得ません。むしろ、その誤った歴史認識をマスメディアの報道や教育が飽くことなく再生産することによっていよいよ強固なものになっていくという恐れすら抱きます。

この呪縛をとくためには、覚醒が必要です。彼らが歴史資料に向かうのは、検閲とWGIPがどのようなもので、何を意図してどのように行われたかを実証的に明らかにすれば、日本人はそれが今も続いていることを理解し、マインドセットが解けて、本当の歴史を取り返そうとすると思ったからです。

秦はＷＧＩＰを陰謀論とした

これまで江藤、髙橋、関野の著書を紹介してきましたが、当然彼らに対する批判もあります。こういった批判は主に彼らのＷＧＩＰマインドセット説に向けられています。秦郁彦《はたいくひこ》は『陰謀史観』（新潮新書、２０１２年）のなかで、こう述べています。

江藤は「戦後日本の歴史記述のパラダイムを規定するとともに、歴史記述のおこなわれるべき言語空間を限定し、かつ閉鎖した」と、高橋史朗は「日本人へのマインドコントロール計画」と評すが、果してそんな大それたものだったのか。

「太平洋戦争」の呼び名を定着させる契機になった粗末な仙花紙本を久々にめくってみた印象だと、宣伝用としては迫力不足の地味な文体で、訳者代表の中屋《なかや》健弌《けんいち》が「冷静な立場から第三者として」書かれたと注釈しているように、むしろ検定を通った高校生用歴史教科書に近い。

従軍慰安婦の研究などで高い評価を得ている人物だけに、秦のこの論評はＷＧＩＰマインドセットの有無の議論に大きな影響を与えたものですが、こうして改めて読み直してみると、意外にもＷＧＩＰマインドセットを真っ向から否定していないことに気が付きます。むしろ「そんなにたいしたものなのか」と軽くいなしている感があります。江藤や髙橋はこれでもかとばかり公文書を積み上げて証拠固めをしていますが、対する秦は、公文書を引用するどころか、反証もあげず、ただネガティヴな「印象」を述べているに過ぎません。

ただし、江藤のいわんとするところはよく理解していて、次のように要約しています（ただし、これにも否定的コメントが付いています）。

（江藤の著書では）とくに戦後日本の歴史記述が「『太平洋戦争史』で規定されたパラダイムを依然として墨守しつづけ」ている点が重視される。彼の空想力はさらに膨らみ、教科書問題も土下座外交も「南京虐殺」論争も、すべて「ＣＩＥ製の宣伝文書に端を発する空騒ぎ」にされてしまった。

「とくに戦後日本の歴史記述が『「太平洋戦争史」で規定されたパラダイムを依然とし

て墨守しつづけ』ている点が重視される」という要約は正鵠《せいこく》を射ています。

にもかかわらず、これに続く部分では、江藤らのＷＧＩＰマインドセット説を「空騒ぎ」と評しながらも、そう判断する根拠を示していません。

彼の論評は「漂流」を続け、江藤が62年から2年間ロックフェラー財団からの給費でプリンストン大学に留学したものの、金額が十分ではなかったため同行した妻が急病となったとき、かかった医療費を財団に別途請求したことにも言及しています。そして、彼が反米なのはそのせいであり、ＷＧＩＰなどを針小棒大に騒ぎ立てるのはそのためだという結論に至るのです。

仮に江藤がアメリカで嫌な目にあったとしても、そのことと資料に基づいた歴史記述とは関係があるのでしょうか。読み手の感情しだいで、資料は違った事実を示すようになるのでしょうか。それはありえません。江藤の個人的なことを冷笑的に書いているので、歴史論議から逸脱しているという批判は免れません。江藤が生きていたらさぞ激しい反論をしたと思いますが、この本が出た時点で江藤は亡くなっていました。

若林はＧＨＱ洗脳説を誤りであるとした

秦とは異なるスタンスでＷＧＩＰマインドセット説を否定したのが、『「ＧＨＱ洗脳説」は誤りである』を書いた若林幹夫です。彼は、大量の日本側の資料に基づきつつ、要約すると次のような主張を展開しています。

ＷＧＩＰが本格始動する昭和二〇年十二月八日以前の日本国民の意識のありかた、世論のありかたはどうだったのか。その点に着目して、さまざまな歴史資料を収集した結果、敗戦直後から、日本国民の軍閥・官僚に対する強烈な非難・断罪・糾弾の世論が澎湃《ほうはい》として巻き起っていたということが判明した。[23]

要するに、占領軍のＷＧＩＰによるマインドセットが行われる前にすでに日本人は軍閥、官僚に対する非難、断罪・糾弾を始めていた、したがって、占領軍のマインドセットによって先の戦争を否定的に捉えるようになったのではなく、その前からすでに自発的にそうしていたのだということです。

彼の主張の難点は、「戦前戦中の日本の指導者を非難すること」と、「日本が戦争で悪いことをして、それには自分も責任があると思うこと」を混同しているところです。

また、若林は日本人が旧体制の指導者を糾弾するようになったのは、「日本人の敗戦後の心理か占領軍による洗脳かのどちらかだ」と考えているのですが、これは二者択一である必要がありません。

実際は「日本人の敗戦の心理をベースにして占領軍によるマインドセットが絶大な効果を発揮した」というのが実情だろうと私は考えています。つまり、敗戦心理 or マインドセットではなく、敗戦心理 and マインドセットだったのです。若林の反証は、反証になりえていません。

そもそも占領軍が目指したことは、日本人に「反省」を促すといったなまやさしいことではありません。占領目的を達成し、アメリカの国益を増大させることです。

占領目的はポツダム宣言に明記されています。つまり、「軍国主義の除去」（第6条）「戦争能力の剝奪」（第7条）「戦争犯罪者の処分」（第10条）「平和的傾向の責任ある政府の樹立」（第12条）です。これらの目的すべてにCIEは関わっていますが、とくにWGIPが目的としたのは「戦争能力の剝奪」と「戦争犯罪者の処分」です。

このプログラムは、極東国際軍事裁判を日本人が受け入れる心理的状況を作るために「日本の戦争は犯罪であり、その責任はあらゆる層の日本人にある」と思うようにするためです。「反省」では十分ではありません。

若林論の致命的なところは、日本側だけ見てアメリカ側は見ていないことです。そして、秦と同じく、ＷＧＩＰ文書を踏まえた反証を示していないことです。このため、占領軍がどのような意図を持ち、そのためにどんな組織を作り、どんな計画を立てて、それをどのように実行していたかという歴史的事実は検証できていません。

山崎雅弘の問題点

冒頭で触れた『歴史戦と思想戦』の山崎雅弘もまたＷＧＩＰマインドセットを否定する評論家ですが、彼の場合は、産経新聞の「歴史戦」に加えて、光栄なことに、私の論文もターゲットになっています。

彼はまず私が『正論』の２０１５年7月号に掲載した次の部分を引用しています。

かくして日本の教育機関と教育制度そのものが、現代史に関しては、反日プロパガンダを行うものとして「制度化」された。そして、いわゆる「自虐的」歴史観が公教育によって「制度化」され、これによって広まり、永続化することになってしまった。

とくに現代史に関しては、占領軍の心理戦が功を奏したため、歴史的事実と反日的プロパガンダとが区別できなくなっている。

これを受けて山崎はこのように書いています。

ここで言う「反日」とは、言うまでもなく「反大日本帝国」という意味です。

けれども、第二章で指摘したように、もし日本の学校教育で戦後七〇年以上も教えられてきた歴史の内容が、本当に「ＧＨＱの洗脳工作であるＷＧＩＰで植え付けられた自虐的な反日プロパガンダ」、つまり虚偽であるなら、その内容は諸外国における近現代の歴史教育とはかけ離れた、まったく異なるものになっているはずです。

しかし実際には、戦後の日本で教えられた第二次世界大戦に関する教育内容と、諸外国における第二次世界大戦の教育内容は、大体において一致しています。

ＧＨＱは日本だけでなく、諸外国の国民や教育機関をも「洗脳」することに成功したのでしょうか。それとも、そこで述べられている内容が「事実」だから、日本でも諸外国でも同じように学校で教えられているのでしょうか。[24]

山崎の著作を見るとストローマン論法や論理のすり替えが目立ちます。ストローマン論法とは相手の主張を故意に歪曲し、本来はない論理の矛盾や根拠の脆弱性を作り上げておいて、それを攻撃し、論破したように見せるというやりかたです。同じものは、法政大学教授津田正太郎による、拙著『歴史問題の正解』の批判にも見られます。[25]

ある言説に対して反証を挙げ論理的に真っ向から反論できない人は、しばしば、ストローマン論法と論理のすり替えに逃げます。そうするしかないからです。これらの論法が道徳的に問題なのは、読者をミスリードし、あるいは騙すことになることを承知で、論破したように見せかけようとすることです。結果、読者は誤った認識と知識を持った作者の謬見の犠牲者になってしまいます。

山崎の本にもその例が多く見られます。まず山崎は私のいう「反日」は「反大日本帝国」だと断言していますが、私はそのような意味で使っていません。これは、いってもいないことをいったとして、相手を攻撃するという典型的ストローマン論法です。「自虐的な反日プロパガンダ、つまり虚偽」というい替えも同じです。反日プロパガンダにかぎらずプロパガンダはイコール虚偽ではありません。プロパガンダとは特定の思想・世論・意識・行動へ誘導する意図を持った宣伝行為であって、かならずしも虚偽ではありません。とくに、あとで述べる「ホワイト・プロパガンダ」においては、虚偽を交えることはタブーです。プロパガンダの効き目がなくなるからです。

論理のすり替えと根拠をあげない断言

さらに、山崎が引用した短い部分のなかで、私は「制度化」という言葉を2度使い、しかもかっこに入れているにもかかわらず、山崎はこれをまったく無視しています。ここで私は、ポール・ラザーズフェルドのいう「制度化」を踏まえていっていること、それが私のメディア・コミュニケーション理論上の根拠になっていることを示しているのですが、山崎はこのような理論的根拠にはまったく触れていません。つまり、彼は私の記述の論理的根拠を「黙殺」して、自分にとって都合のいい脆弱性を作りだしているのです。これはまったくアンフェアなやり方で、これもまたストローマン論法といえます。

論理のすり替えの方についても見ましょう。「もし日本の学校教育で戦後七〇年以上も教えられてきた歴史の内容が、本当に『GHQの洗脳工作であるWGIPで植え付けられた自虐的な反日プロパガンダ』、つまり虚偽であるなら、その内容は諸外国における近現代の歴史教育とはかけ離れた、まったく異なるものになっているはずです」という記述がそれに該当します。

そもそもこの記述は、論理的に破綻しています。つまり、「日本の歴史教科書の内容がＧＨＱによる洗脳に多大な影響を受けている」ということと「日本の歴史教科書と『諸外国』の歴史教科書の内容は大体一致している」ということは、論理的になんのつながりもないからです。

もし彼が「ＧＨＱによる洗脳はなかった」と主張したいのならば、公文書からそれを証明するものを見つけ出すか、コミュニケーション理論に基づいて否定すればいいのです。

「日本の歴史教科書と『諸外国』の歴史教科書の内容は大体一致している」といいたければ日本の教科書と「諸外国」の歴史教科書の内容を比較して、それを証明すればいいのです。ただし、後者に関していえば、それをしたところで、「ＧＨＱによる洗脳はなかった」という証明にはなりません。もともと論理的結びつきがないからです。

さらにいえば、山崎は「戦後の日本で教えられた第二次世界大戦に関する教育内容と、諸外国における第二次世界大戦の教育内容は、大体において一致しています」と断言していますが、その根拠をまったくあげていません。

彼は「諸外国」というのですが、どんな国々のことを言っているのかわかりません。そして、ここが重要なところですが、彼は「諸外国」の歴史教科書を引用して、自説を論証しようとしていないのです。もし、そうしていたなら「諸外国における第二次世界大戦の教育内容は、大体において一致しています」という認識が誤りであることに彼自身気付いていたでしょう。

第2次世界大戦についての教育内容は国によって異なる

山崎の主張に対する反証をあげましょう。拙著『こうして歴史問題は捏造される』で明らかにしましたが、韓国と中国の歴史教科書の先の大戦に関する歴史記述は欧米とはまったく違います。前者は「日帝に対する独立戦争を戦い、連合国の一員として勝利し、独立を勝ち取った」、後者は「抗日戦争を戦い、毛沢東の指導のもとに、日本を敗戦に追い込んだ」と主張しています。双方とも欧米の公文書館に所蔵されている歴史資料に照らして虚偽だと証明できるものです。したがって、両国の歴史教科書が英米、そして旧連合国のそれらと同じになるわけがありません。

事実、拙著『原爆　私たちは何も知らなかった』（新潮新書、２０１８年）でも明らかにしましたが、アメリカ、イギリス、ソ連も、先の戦争に関して、原爆の使用に関して、まったく異なる国益や立場やイデオロギーを持っていました。連合国側でさえも歴史認識はまったく違っていたのです。このくらいのことは少し歴史的知識があればわかりそうなものです。多くの国の教える歴史で一致しているのは、年表に書かれるような事実だけであって、その意味付けや理解はその国によって異なるのです。

第1章でも触れましたが、同じような論理的すり替えは「日本人は『七〇年以上も洗脳される』ほど知的能力が低い国民なのか」という小見出しのついた節の内容についてもいえます。[26]

この「日本人は知能が低くないので長期間マインドセットされることなどあり得ない」という言説は論理的ではありません。「日本人は知能が低くない」ということと「長期間マインドセットされない」ということは別のことだからです。第1章で見たように、そして、あとでポール・ラザーズフェルドのマスコミュニケーション理論に基づいて詳しく説明するように、「知能が低くない」人々の長期間のマインドセットは可能です。

北朝鮮を見れば、もはや議論の余地はありません。これに韓国、中国、かつてソ連の下にあった東欧共産主義諸国、原理主義的宗教国を加えてもいいでしょう。このような例はいくらでも見つかります。なぜ、明白な数多くの反証を無視するのでしょうか。

嫌韓国、嫌中国気分の真の背景

さらに、彼の著書の前提となっている現状認識もかなりおかしいと思います。山崎は「はじめに」の部分で、こう書いています。


今、もし書店にいらっしゃるなら、店内を見回してみてください。

売り場の一番目立つところに、こんなタイトルの本が並んでいないでしょうか。

「中国・韓国の反日攻勢」「南京虐殺の嘘」「慰安婦問題のデタラメ」「あの戦争は日本の侵略ではなかった」「自虐史観の洗脳からの脱却」……。（中略）

もう何年も前から、こうしたタイプの本を書店でよく見かけるようになりました。

過去の歴史について、日本に不都合なことを「なかった」と言い、日本は何も悪くないと語る本は、読んでいる間は日本人にとって心地いいものです。けれども、そんな安心感に身

を委ねてしまうと、それと引き換えに大事なものを見失ってしまうのではないか。日本は何も悪くないと誰かに言われれば、一人の日本人として肩の荷が下りたような気になるが、本当にその結論でいいのだろうか。[27]

このように、山崎の主張は「日本に不都合なことを『なかった』と言い、日本は何も悪くないと語る本」が最近多く出版され、それらを日本人が「心地よく」「安心感」が得られるがゆえに読んでいるとして、例によってストローマン論法を使っています。

最近出版されたこの方面の本の多くは、知的レヴェルの差こそあれ、中韓が歴史を捏造し、それをプロパガンダに使って、日本との外交を頓挫させ、国際社会において日本の信用を不当に貶めていることを問題にしています。多くの日本人は、これまで「侵略」し、「残虐行為」をしたと日本を非難してきた中国が、南シナ海の島々を軍事基地化し、チベットやウィグル自治区で民族浄化を行い、香港の民主化デモを暴力で鎮圧し、国際的非難を浴びても開き直っていることに不信や憤りを感じています。

また、韓国についていえば、慰安婦問題で、日本が無理を承知で何度も謝罪し、見舞金も払って決着させたにもかかわらず、何度でも反故にして蒸し返してくることに、そして歴史的事実に照らしてまったく不当な朝鮮人戦時労働者への補償まで求めてくることに忍耐の限界を感じているのです。

「日本に不都合なことを『なかった』と言い、日本は何も悪くないと語る本」を読んで「心地よさ」「安心感」を感じたがっているのではありません。それこそ、日本人はそんなバカではないのです。

彼はまた中韓などが、「大日本帝国」を非難すると、それを日本人は「日本国」（山崎の表現）を非難しているかのように感じて怒っているともいうのですが、この認識も大いに間違っています。そもそも、中韓が攻撃しているのは、前述のように現在の「日本国」であり、「大日本帝国」に関することは口実にすぎません。中韓の狙いは「歴史問題」を道具として使って現在の「日本国」および日本人の国際的地位と信用を低下させることです。[28] だから日本人は怒っているのです。

彼はまた日本人が先の戦争に関して反省していない、また反省が足りないから「日本に不都合なことを『なかった』と言い、日本は何も悪くないと語る本」に飛びついているとの前提に立っていますが、これもストローマン論法でしょう。事実は、日本人が長年にわたり反省し、謝罪してきたのに、それでも中韓が前述のような振舞をするので、堪忍袋の緒が切れかかっているのです。

山崎と江藤、髙橋、関野との現状認識のギャップ

なによりも問題なのは、山崎の主張の前提となっている現状認識と江藤、髙橋、関野のそれとの間には大きなギャップがあることです。

前にも述べたように、江藤は日本が無条件降伏したというのも、憲法は占領軍の干渉なしに、日本人が作ったものだというのもアメリカ側の作り話なのに、日本のマスメディアおよび教育機関もその認識を変えようとしないことを問題にしています。そしてその原因を占領軍による検閲とＷＧＩＰが「戦後日本の歴史記述のパラダイムを規定するとともに、歴史記述のおこなわれるべき言語空間を限定し、かつ閉鎖した」ことに求めています。髙橋もこのようなＷＧＩＰとくに「太平洋戦争史」が、アメリカ側からみたものではなく、日本の側から見た本当の歴史を教育の場で教えることを今日にいたるまできわめて難しくしていること、その結果、元長崎市長の本島の「広島は戦争加害者であり、それが原爆投下の原因だ」という信じられない発言がでてくることを深く憂慮していました。

関野は、「日本を貶めることならなんでも良いとばかり、国連に一方的な見解を吹き込み、また〝4ナイ〟である人権委員会の委員に、彼ら（日本の人権派弁護士）の意見を代弁」させる日本人弁護士が、国連に常駐し、日本に不利な、日本を不当に貶める決議を出すことを促している状況を深く危惧し、なぜこのような信じがたいことが起こっているのか原因を突き止めようとします。彼はその答えをＷＧＩＰに求め、ＷＧＩＰ文書を「発掘」するのです。

いずれも過去の終わったことを問題にしているのではありません。また「大日本帝国」のことを問題にしているのでもありません。「日本に不都合なことを『なかった』と言い、日本は何も悪くないと語る本」を書いて日本人を「心地よく」し「安心感を与え」ようとしているのでもありません。

海外経験が豊かな彼らは、世界的視野から見て、現在日本人が陥っているマインドセットがいかに異常か知っているので、その元凶を多くの日本人に示すことによって呪縛から解き放とうとしているのです。

彼らから見て、山崎のような論者の現状認識、あるいは歴史認識がいかにおかしいか、「ズレている」か、グローバルな視野を欠いているか、おわかりいただけると思います。

そもそも、「大日本帝国」が悪いことをしたのだから、「日本国」はただ反省して謝罪すればいいというのは、「戦勝国史観」および「太平洋戦争史観」によるマインドセットそのものです。山崎はこれに陥っているので、彼は江藤たちのように「アメリカによって押しつけられたものではない本当の歴史」を知ろうとも思わないのでしょう。

ＷＧＩＰ陰謀論者は第１次資料を踏まえた議論をしない

ところで、山崎のようなＷＧＩＰマインドセットを否定する論者には共通点があります。ＷＧＩＰ文書を踏まえた議論をしないことです。彼らは、この文書を引用しないばかりか、内容についても具体的な議論をしていません。これでは読んでいないと考えざるを得ません。

相手の主張を否定するのならば、その根拠を突き崩すような反証をあげなければなりません。それなしにする議論は、かみ合うことのない水掛け論になるからです。反証をあげるためには、相手が拠り所としている歴史資料をよく読まなければなりません。それをしたくないのならば、最初から批判などしなければいいのです。

秦は、『慰安婦と戦場の性』を書いているくらいですから、江藤、髙橋、関野と問題意識は共有しているのですが、なにせWGIP文書を読んでいないので、そして江藤の言説が「甘えの構造」から生まれたと思っているので、WGIPマインドセット説にまともに取り合おうとはしていません。

それでも「そんなものはなかった」という全否定ではなく、「そんなたいそうなものなのか」という態度を取るに留めています。

若林は、日本側資料を多数紹介するのですが、アメリカ側資料とりわけWGIP文書には眼を向けようとしません。山崎などとは異なり資料にあたる努力は認めますが、「GHQ洗脳説」を否定するなら、日本側資料とアメリカ側資料の両方を踏まえた反証をあげなければなりません。つまり、現在の日本の自虐的メンタリティは、敗戦直後から、日本国民の軍閥・官僚に対する強烈な非難・断罪・糾弾の世論が澎湃として巻き起っていたことにのみ起因するもので、その後行われたWGIPは影響がなかったということを立証しなければなりません。

山崎は、WGIP文書の分析はもちろん、それらを検証しようともしません。したがって、反証をあげることもしていません。そのかわりに彼がしているのは「日本人は知能が低くないのでWGIPが70年たっても効いているなんて考えられない」という論理のすり替えです。これならWGIP文書を読まなくてもできます。しかし、なんといっても乗り越えがたいのは彼の現状認識と江藤たちの「戦後何年も経つのにWGIPのために歴史認識が変わっておらず、それが外交上の問題の原因となっている」という現状認識のギャップです。

賀茂道子の「戦争の有罪性」はおかしい

WGIP文書の一部を読みながらも、このプログラムが日本人に先の戦争に対して罪悪感をもたせるものではなく、「戦争の有罪性」を知らしめるものだったという奇妙な主張をしているのが、『ウォー・ギルト・プログラム』の著者である賀茂道子です。[29]

彼女の主張を奇妙だというのは〝war guilt〟を「戦争の有罪性」と解釈しているからです。戦争が有罪なら、日本だけでなく、その交戦国の連合国側も有罪ということになり、極東国際軍事裁判を正当化することはできなくなります。

〝war guilt〟は、実際には「戦争を起こした罪、戦争責任」という意味で、第1次世界大戦後に結ばれたヴェルサイユ条約で、ドイツに「戦争責任」があるとした第231条は〝war guilt clause〟と呼ばれました。ここで注意していただきたいのは、日本での極東国際軍事裁判の前にすでにドイツでニュルンベルク裁判が行われていたということです。当然、ニュルンベルク裁判でもこの第231条が持ちだされていました。

CIEは、これを踏まえて、日本人に先の戦争に対して罪悪感を持たせ、「戦争責任」を感じさせるプログラムをWGIPと命名したのです。事実、WGIP文書にはニュルンベルク裁判に言及したものがあります。[30]

このことは賀茂にWGIPについていろいろ教示した有山輝雄（元東京経済大学教授、日本マスコミ学会会長）もよく知っていました。事実、私が彼にWGIPのことで質問したとき、ヴェルサイユ条約の〝war guilt clause〟に言及して説明していたことを記憶しています。つまり、〝war guilt〟は有山から賀茂に伝わるうちに突然変異を起こして「戦争の有罪性」という意味不明のものになったのです。

これは知識の問題ですが、認識にも問題があります。WGIPは一般の日本人に戦争責任を感じさせる上では効き目がなかったと述べていることです。その根拠として彼女は「WGIPの第3段階は実施されなかった」と述べています。[31] 第3段階とは極東国際軍事裁判の最終論告と判決文の準備に入った時期です。もっとも重要な時期なのに、戦争犯罪容疑者だけでなく日本人全体にも戦争責任があると思わせるプログラムが実施されなかったという彼女の認識には驚くほかありません。実際には、第３段階は実施されていたという事実は、第６章で詳細に明らかにします。

ＷＧＩＰは「民主化政策」や「啓蒙」などではありえない

さらに、賀茂は２０２０年に発表した「教育かプロパガンダか」では、次のようにＷＧＩＰが民主化政策の一環で啓蒙活動だったとすら書いています。

これまで「ウォー・ギルト」と民主主義に関する情報発信は別個のものとして論じられてきた。しかしながら、両者はともに「日本人再教育政策」に基づいて行われた日本国民に対する意識改革であり、日本民主化政策の一環である。そのため、「ウォー・ギルト」関連の施策にも、民主主義の啓蒙につながる要素が含まれている。[32]

しかしながら、あとで詳しく見るＷＧＩＰ文書は、明確にこのプログラムの目的は、「日本人が極東国際軍事法廷の判決を受け入れる心の準備をさせること」だと記しています。つまり、ＷＧＩＰ文書自体が彼女の主張に対する反証になっているのです。

したがって、彼女が前記の引用で述べていることは、第1次資料の裏付けのない、彼女の思い込みです。資料を読みながら、それを理解できない、あるいは資料を無視して自分の主観を述べる人は意外と多いのです。

また、彼女は占領軍が、日本のために、日本人を民主化し、啓蒙するために、WGIPなどの施策を行ったと考えているようですが、前にも詳しく見たように、占領軍の諸政策は、ポツダム宣言に基づきつつ、あくまでアメリカの利益のために、アメリカにとって都合のよい日本に改造するために行われたものです。

でなければ、なぜ占領政策が途中でベクトルが全く逆になったのか説明がつきません。前述のショーンバーガーの研究書を読めば、これが単なる解釈の問題ではないことがわかります。彼女は占領史について十分な知識を持たないために自分がWGIPマインドセットに陥っていることに気が付いていないようです。

ちなみに、吉田裕《ゆたか》が『日本人の歴史認識と東京裁判』でWGIPに触れているのですが、賀茂の本を鵜呑みにしているので、かなりトンチンカンなことをいっています。彼のような歴史の大家であっても、第1次資料（WGIP文書）を読んでいない場合は信用に値しないというういい例です。[33]

この賀茂の著書に朝日新聞などが好意的評価を与えているのは、とてもよく理解できます。第6章で詳しく見るように、朝日新聞は新聞各社のなかでも頭抜けてWGIPに協力的でしたが、そのDNAは今も変わっていません。「WGIPの効き目はそれほどなかった、いやあれは意識改革だった、いや啓蒙だった」とする彼女の説は、朝日新聞などにとっては「免罪符」になっているのです。

最後に指摘したいのは、彼女の著書は、私が2015年7月に出版した『歴史とプロパガンダ』（第4章）、同年12月から『新潮45』に4回にわたって連載した「アメリカ『対日心理戦』再検証」と共通部分が多いのですが、私の著作物の3年もあとなのに、出典にも参考文献にも挙げていないことです。[34] 先行研究のレヴューは学術論文では「しなくてはならないこと」ですから、研究倫理上大きな瑕疵です。

WGIPは共産主義者の陰謀ではない

私の秦、若林、山崎、賀茂に対する厳しい見方に対して、「結局のところ、WGIPの影響力がなかったという論者が気に入らないだけなのでは」と思われるかもしれません。もちろん、そうではありません。

第1章でも述べましたように、第1次資料に基づいて歴史を論ずる際の私に特定のスタンスはありません。資料がWGIPの影響はなかったことを示すなら、なかったと書くだけです。固定的スタンスをとり、無理な主張をし、それに合わせて資料を操作し、反証を無視し、歴史的事実を歪める必要はありません。

ですから、「WGIPマインドセット」を肯定する論考であっても、誤った根拠や認識に基づいてそうしているのなら、当然批判します。資料を操作し、誤った言説を主張し、歴史的事実を偽るのならなおさらです。

この点で問題なのは、日本人への洗脳計画の原点は中国共産党の本拠地であった延安《えんあん》にあるという説、いわば「WGIP延安起源説」、あるいは「WGIPコミンテルン起源説」です。これはおおよそ次のようなものです。

「1940年10月に中国、延安に創設された『日本労農学校』の校長に就任したのは、コミンテルンから派遣された野坂参三（元日本共産党議長）である。彼はこの学校で、現地の日本人捕虜の思想改造、洗脳を試みて、成果を上げた。この成果を参考にしたのがマッカーサーの『政治顧問付補佐官』のジョン・エマーソンである。WGIPのもとになるアイディアはこの延安にあった」

こういった説の代表格は、産経新聞の元編集委員、岡部伸が2015年6月8日付で掲載した「【歴史戦】GHQ工作　贖罪意識植え付け　中共の日本捕虜『洗脳』が原点　英公文書館所蔵の秘密文書で判明」です。このなかで彼は次のように述べています（傍線筆者）。

占領下の日本国民に戦争に対する贖罪（しょくざい）意識を植え付けるため連合国軍総司令部（GHQ）が、中国・延安で中国共産党が野坂参三元共産党議長を通じて日本軍捕虜に行った心理戦（洗脳工作）の手法を取り入れたことが英国立公文書館所蔵の秘密文書で判明した。GHQの工作は、「ウオー・ギルト・インフォメーション・プログラム（WGIP）」と呼ばれ、現在に至るまで日本人の歴史観に大きな影響を与えている。[35]

岡部の記事には、問題があるものが多々あります。賀茂と同じく、主張していることと、引用あるいは言及されている文書の内容が一致しないものが多いのです。山崎は産経新聞の「歴史戦」をメイン・ターゲットにしましたが、なぜそういう戦術をとったのかよく理解できます。

「日本人へのＷＧＩＰ洗脳の黒幕には共産主義者がいた」という説は、反共産主義的な立場の論者に魅力的なのでしょう。ベストセラーとなった百田尚樹の『日本国紀』にも同様の見方が紹介されています。出典が明示されていないのでわかりませんが、岡部の記事か、あるいは監修に加わった江崎道朗（『コミンテルンの謀略と日本の敗戦』などの著書がある）の影響でしょうか。[36]

しかし、よく考えてみてください。この説が本当なら、占領軍の情報将校たちは戦後の日本人の「洗脳」において、野坂と中国共産党にまんまとしてやられたことになります。そうでなかったことは、このあと詳しく述べます。

アメリカの公開文書を「英国立公文書館所蔵の秘密文書」にするトリック

たしかに、中国でも日本兵捕虜の「洗脳」は行われました。しかし、野坂や中国共産党が実施したことが、ＷＧＩＰの起源になったり、方向性を決める要素となったりしたというのは、まったくの牽強付会《けんきょうふかい》です。

そこで反証を積み上げていきましょう。

まず、ＷＧＩＰ文書には、野坂も（その中国での変名岡野進も）延安も中国共産党も出てきません。その方面に関するトピックすら出てきません。つながりがあるというなら、それを示す何かが文書のなかにあるはずです。ないということは、関係がないと理解するしかありません。

そもそも、この文書を岡部が「英国立公文書館所蔵の秘密文書」と呼んでいるのは読者に対してきわめて不誠実です。なぜなら、これはアメリカ上院公安小委員会（The Senate Internal Security Sub-Committee）の証言記録、つまり、アメリカ側の「公開文書」だからです。[37] ですから「判明した」（していませんが）と書くとしても、「アメリカの公開文書で判明した」とすべきです。

たしかにこの証言記録は、イギリス国立公文書館所蔵の「ハーバート・ノーマン（占領軍にいたこともあるカナダの外交官）・ファイル」に参考資料として入っていますが、オリジナルはアメリカ国立第２公文書館やスタンフォード大学のハーバート・フーヴァー研究所などに所蔵されています。[38]

アメリカ上院の調査委員会の記録ですから「秘密文書」ではなく「公開文書（事実、イギリス側のものにもアメリカ側のものにも機密指定のスタンプは押されていません）」で、なるほど「英国立公文書館」にもありますが、ここに行かなければ入手できないものではありません。私だけでなく、占領史の研究者たちが数十年来使ってきた資料です。なのに、岡部はこういったことについては一言も触れていません。これでは、ノーマン・ファイルに参考資料として入っていることをいいことに、アメリカ側の公開資料を「英国立公文書館所蔵の秘密文書」と呼び、あたかも彼がイギリス国立公文書館から発見した新資料であるかのように印象操作したといわれても仕方ありません。

切り取りジャーナリズム

さらに問題なのは彼の「切り取りジャーナリズム」です。岡部が記事中に写真を掲載している文書は、エマーソンの証言記録の6頁目で、「日本に対するプロジェクト提案」を、「作戦地域の司令官と重慶の大使館に送った」と記されています。

なにやら思わせぶりですが、その前の5頁で「日本に対するプロジェクト」とは、日本兵捕虜を使って「戦争を終わらせること、軍国主義に反対すること、民主主義への心構えをすること」を日本軍に説くことだと明かされています。

日本兵捕虜を使って日本軍向けにプロパガンダをやらせたという点は、エマーソンには参考になったのでしょうが、その中身はアメリカ軍が日本軍向けに行ったごく当たり前のものです。これのどこがWGIPにつながるのでしょうか。

また、岡部は「日本に対するプロジェクト」の中身を明らかにしている前の頁をなぜ「省略」したのでしょうか。都合が悪かったのでしょうか。これは「切り取りジャーナリズム」です。つまり、都合のいいところだけ切り取って、都合の悪いところは「省略」して読者をミスリードする「テクニック」です。

さらに、エマーソンは、この証言記録で、繰り返し「ノーマンは共産主義者ではなかった」と断言しているのですが、岡部の1年前のノーマンについての新聞記事は「ノーマンは共産主義者だった」と大々的に報じています。彼がエマーソンの証言を信用しているなら「ノーマンは共産主義者ではなかった」と訂正記事を出さなければなりません。

しかも同じ「ハーバート・ノーマン・ファイル」の中には、「ノーマンが共産主義者に協力したかについて厳密なセキュリティ・チェックを行ったが背信の事実はないと確認された」とするカナダ外務省の公式見解が記された文書が多数あり、それらはイギリスのカナダ高等弁務官事務所（英連邦の国々では大使館に当たる）からイギリス本国に送られたものです。[39] この事実の方こそ、ノーマンの名誉にかかわることなので、読者に知らせるべきだったのではないでしょうか。

このように岡部は都合のいいところだけ切り取って出しますが、切り取られなかった他の部分は彼の主張が成り立たないことを示しています。

その一方で、証言記録にはないのに、記事ではあることになっているものもあります。「WGIP延安起源説」記事では、エマーソンが野坂と中国共産党から「軍国主義者と人民（国民）を区別し、軍国主義者への批判と人民への同情を兵士に呼びかける『二分法』によるプロパガンダ」を学んだことになっているのですが、証言記録にはそうとれる発言がどこにも見当らないのです。他にも問題のある記事が多々ありますがスペースの関係で巻末の註釈に回します。[40]

WGIPはバターン・ボーイズが立案し、実施した

そもそも、延安で日本兵に心理戦を行った野坂や中国共産党軍やその軍事顧問のOSS（戦略情報局、CIAの前身）将校は、占領後に日本人にWGIPを実施したCIEの情報将校とはほとんど関係がありません。占領軍の主体は、ダグラス・マッカーサー元帥率いるアメリカ南西太平洋陸軍でしたが、この軍で日本兵向けの心理戦を担当していたボナー・フェラーズ准将《じゅんしょう》やケネス・ダイク准将などが、終戦後にそのまま占領軍の日本

人向け政治戦や心理戦（ＷＧＩＰなど）を担当しました。これは、きわめて自然な流れです。

エマーソンは、戦争が終わってから、占領軍の政治顧問部に国務省から派遣されましたが、これもまたエマーソン証言記録によれば、そこでの仕事は「日本の政党の動きを週報にまとめること」だったそうです。

マッカーサーは、このような細々とした報告書は自分では読まず、側近たちにブリーフィングさせたので有名です。岡部はエマーソンを「政治顧問付補佐官」としていますが、当人は証言記録でそう名乗っていないし、文書の中にもこの職名は見当たりません。この職名も、共産主義者呼ばわりするのと同じく、印象操作なのでしょうか。

マッカーサーが国務省の干渉を嫌ったことは、占領史を多少でも学んでいる者にとって常識です。だからエマーソンもわずか半年後の46年２月に日本を去ったのでしょう（これも証言記録に出てきます）。この時点では、ＷＧＩＰの第１段階（45年10月から46年６月まで）さえ終わっていませんでした。マッカーサーが子飼いの側近で周囲を固め、彼らを重用したことは、専門家でなくてもよく知っています。[41]

マッカーサーが別の作戦地域（つまり延安）にいて、国務省から送られてきた外様のエマーソンを太平洋での戦いのときから付き従ってきた子飼いの部下（バターン・ボーイズと呼ばれた）たちよりも重んじたとはとても思えません。

実際、エマーソンの名前はWGIP文書およびそれと関連するCIE文書には出てきません。彼が、マッカーサーを通してであれ、あるいは直接であれ、CIEに指導や助言をしたという文書も出てきません。

たとえエマーソンが何かしようとしたとしても、そのときはすでにアメリカ南西太平洋陸軍のときから心理戦を担当していたフェラーズやダイクがCIEの指揮・監督にあたっていたので当然です。その一方で、占領期の日本社会状況と占領軍の内幕をレポートした『ニッポン日記』を書いたマーク・ゲイン（シカゴ・サン紙の東京支局長）は、フェラーズとマッカーサーの間の阿吽の呼吸についてこう書いています。

もし「バターン・ボーイズ」の中で政治的分析ないしは政治哲学者と称しうる人がいるとすれば、フェラーズはもっともそれに近かっただろう。彼が元帥（マッカーサー）の考えかたにどれだけの影響を与えているかは知らないが、私は元帥の発表する声明のなかに、いつもフェラーズの思想の反映を発見しては驚いたものである。[42]

フェラーズとマッカーサーの関係がこのようなものだったからこそ、同僚のダイクが神道指令や第1段階の「情報プログラム」などを矢継ぎ早に実行できたのです。

コミンテルン陰謀説の問題点

そもそもなぜ占領軍が日本人に行なった心理戦の淵源をわざわざ野坂や中国共産党が延安で日本兵向けに行なった心理戦に求めなければならないのか私には理解できません。エマーソンはともかく、フェラーズやダイクは、日本兵に対する心理戦について、野坂や中国共産党軍から何か学ばなければならない立場にあったのでしょうか。野坂や中国共産党軍の軍事顧問がOSSの情報将校だったことから見ても、その逆だったことがわかります。ちなみにフェラーズは、42年から43年までOSSに籍を置いて日本兵向け心理戦を担当していました。エマーソンが延安に送られるのは44年になってからです。

「延安起源説」や「コミンテルン起源説」を説く人々は、WGIPはコミンテルンや共産主義者の陰謀だったとしたいようです。これは彼らの政治的スタンスから導かれた結論です。しかし、WGIP文書は、コミンテルンや共産主義者ではなく、そういったものを嫌悪したフェラーズ（日本から帰国後共和党の選挙対策本部に入る）とダイク（日本から帰国後USゴムという大企業の広告担当マネージャーとなる）が、WGIPをポツダム宣言と初期基本指令に基づいて計画し、マッカーサーに提案し、その実施にあたったということを示しています。

WGIPの目的はあくまでも日本人に先の戦争に対して罪悪感を持たせ、戦争責任を感じさせることにあったので、共産主義思想を広めるためのものでも、共産主義勢力を助長するためのものでもありませんでした。次の章で詳しく見るWGIP文書自体がこのような主張の反証になっています。

第4章ではフェラーズが、第5章ではダイクが主人公として登場し、この辺の事情がさらに詳細に明らかになりますので、そのときにいっそう納得いただけると思います。

「歴史戦」を叫ぶ人々は、別の種類のマインドセットにおちいっています。それには彼らの政治的スタンスのほかに、歴史資料と客観的事実の無視と基本的知識の欠如も与って力があったようです。

このような「脆弱性」を持った「歴史戦」が「日本は歴史修正主義に走っている」と非難する中国や韓国や山崎に攻撃材料を提供しています。これが彼らの「戦勝国史観」

と「太平洋戦争史観」を正すことをますます困難にしています。

私のＷＧＩＰに関するポジション

以上のことを前置きしたうえで、私が本書においてどのような現状認識と問題意識を持ち、どのような見方のもとに、どのような資料を用いてＷＧＩＰについて論じていくのかを述べたいと思います。

まず、現状認識と問題意識は、江藤たちとほぼ同じです。簡単にその認識を説明するには、拙著『歴史問題の正解』の章題が適しているかもしれません。「『南京事件』はプロパガンダから生まれた（第1章）」、「真珠湾攻撃は騙し討ちではなかった（第2章）」、「ヤルタ会議は戦後秩序を作らなかった（第3章）」、「ポツダム宣言に『日本の戦争は間違い』という文言は存在しない（第5章）」、「日本は無条件降伏していない（第6章）」、「原爆投下は必要なかった（第7章）」、「天皇のインテリジェンスが國體を守った（第8章）」、「現代中国の歴史は侵略の歴史である（第9章）」、「尖閣列島は間違いなく日本の領土である（第11章）」――これらはアメリカとイギリスの公文書館の資料をもとにしたものです。

しかしながら、私がこの本で示したようなことは、いまだに常識とはなっていません。日本のマスメディアや教育は「戦勝国史観」と「太平洋戦争史観」を変えないばかりか、占領中の「プレス・コード」と「ラジオ・コード」を今も後生大事に守っています。このため以前よりも「戦後日本の歴史記述のパラダイムを規定するとともに、歴史記述のおこなわれるべき言語空間を限定し、かつ閉鎖した」という江藤の言葉を痛感するようになりました。

一方、使用する歴史資料に関しては、江藤らが使用したものとはかなり違います。もともと、私は『日本テレビとＣＩＡ』（新潮社、２００６年）以来、アメリカの外交・通信政策の一環として、かの国の情報機関が日本に対してどのような心理戦を行ってきたかを明らかにしてきました。この心理戦の元をたどった結果ＷＧＩＰに行きついたのです。

同書で示したのは、実は日本へのテレビ導入は、日本を親米化し、反共産主義の砦とするための心理戦だったという歴史的事実です。正力松太郎（読売新聞社主）がテレビの導入を進めたとき、この動きをバックアップしたウッドール・グリーンは、占領軍のＰＷＢ（心理戦局、ＣＩＥとは別の軍事的部局）のトップにして、ＷＧＩＰを実施したＣＩＥ局長ダイクの同僚でした。２人の関係は占領軍の前身アメリカ南西太平洋陸軍の心理戦局までさかのぼります。したがって、私は２００５年ころからＷＧＩＰ文書がその一部であるＣＩＥ文書の他に、それに関連する膨大な占領軍文書を収集し、分析してきました。

また、心理戦の概念に関しても私は他の３人とは多少違います。江藤は心理戦という言葉を使わず、髙橋と関野は使っているのですが、心理戦の位置づけは私と違います。私は、アメリカ側のメディア・政治理論に基づいて、戦争すなわち軍事戦のあとに、その目的達成を確実なものとするための準軍事戦として「心理戦」を捉えています。そして、これは、たとえば、神道指令や「５大改革」や憲法の押し付けなどのような「政治戦」と併せて実施されたと考えています。検閲とＷＧＩＰがセットであったように「心理戦」も「政治戦」とセットであり、そうでなければ効果を発揮しないのです。このような位置づけは、髙橋や関野のものとは異なっています。

私は『アレン・ダレス』、『「スイス諜報網」の日米終戦工作』で、ＯＳＳ、ＯＷＩ（戦時情報局）、アメリカ南西太平洋陸軍が、先の戦争の末期に、日本を降伏させるためにどのような心理戦を行ったのかを明らかにしてきました。この関係でアメリカ南西太平洋陸軍の心理戦局のトップにしてダイクの上司だったフェラーズについての歴史資料を蓄積してきました（これをもとに前述の「アメリカ『対日心理戦』再検証」を発表）。

このフェラーズ重視という点で江藤や関野とは違っています。髙橋はスタンフォード大学にいたくらいですから、ボナー・フェラーズ文書は使っているのですが、にもかかわらず「太平洋戦争史」の立案者であるブラッドフォード・スミスの方を重視していま す。この点で、フェラーズからダイクのラインを重視し、それをアメリカ南西太平洋陸軍時代までさかのぼっていく私とは違います。

以上の違いはありますが、私がWGIPを論じる目的は、江藤たちと同じで、現在日本人が持っている歴史認識の歪みが、いつ、どのように生まれたかを明らかにすることです。それによってWGIPの呪縛を解き、覚醒を促すことです。それができれば、多くの日本人が、自分たちの歴史認識が誤っていることを自覚し、自分たちの本当の歴史を取り戻そうとすると思っています。以下の章ではこれを実践していきたいと思います。

第3章　WGIPマインドセットの理論的、歴史的証明

政治戦と心理戦

ＷＧＩＰマインドセットを否定する人々は、重要なことを理解していません。つまり、近代戦においては、戦争とは相手を軍事的に敗北させることで終わりになるのではないということです。軍事戦に続いて、政治戦と心理戦も行わなければ、目的を果たせません。政治戦と心理戦で占領軍が達成するべき最重要目的とは、日本人の心を支配し、「戦争能力」を奪い、「２度とアメリカに立ち向うことがないようにする」ことでした。

最近のイラク、アフガニスタン、イスラム国とのアメリカの戦争を見ても、軍事戦の勝利だけでは、戦争目的が達成できないことは明らかです。政治戦と心理戦においても成功を収めなければなりません。そうしないと、アメリカ軍が引き揚げたとたん、政治は戦前に戻り、敗戦国民は復讐に立ち上り、戦争をもう１度しなければならなくなります。彼らをそのままにしたのでは、次の戦争の芽を確実に摘み取ることはできません。

それは第1次世界大戦後のドイツを見れば明らかです。旧連合国、とくにアメリカ、イギリスは多くの教訓を得ていたのです。

アメリカの第一線の科学者が動員された

では、このような考え方はどこからきたのでしょうか。それはハロルド・ラスウェルの著した『世界大戦におけるプロパガンダ・テクニック』や『心理戦』などからです。彼は政治コミュニケーション、とりわけプロパガンダ戦の大御所で、その理論は第1次世界大戦以後のアメリカの心理戦に応用されました。[43]

先の戦争では、彼のホワイト・プロパガンダ（情報源を明らかにし、自らに都合のいい事実を宣伝する）、ブラック・プロパガンダ（情報源を明らかにせず、大抵は虚偽の宣伝を行う）、グレイ・プロパガンダ（情報源を明らかにせず、紛らわしい情報を流す）を使い分けながら敵を「思想戦」で打ち負かし、その心を支配するという考え方が実践されていました。とくにその要点を説明したのが『心理戦』というパンフレットでした。

アメリカン大学教授クリストファー・シンプソンが彼の著書『強制の科学：コミュニケーション研究と心理戦』で指摘しているように、第2次世界大戦中、陸軍、海軍、O

WI（戦時情報局）、OSS（戦略情報局）に心理戦を担当する部局が作られ、多くの社会科学とコミュニケーションの専門家が動員されていました。[44]

そのなかには、ハドレイ・キャントリル（プリンストン大学、コロンビア大学、ハーヴァード大学で教授を歴任）、ポール・ラザーズフェルド（コロンビア大学教授）など日本でもよく知られた一流研究者の他に、ジョージ・ギャラップ（ギャラップ世論調査の創始者）、フランク・スタントン（CBS社長、CBSはアメリカ2大ラジオ放送網の1つ）、C・D・ジャクソン（タイム・ライフ副社長）、エドワード・バレット（ニューズウィーク編集長）などアメリカのメディア企業の幹部もいました。

このように、アメリカは先の大戦において政治戦と心理戦にも重きを置き、最高学府の研究者やメディア企業の幹部たちを動員していたのです。そして、アメリカ軍の幹部たちも、士官学校や幹部養成組織で心理戦を学んでいました。この一事をもってしても、前章で取り上げた「WGIP延安起源説」には無理があることは明らかでしょう。

「5大改革」は政治戦

実は、戦後の「5大改革」（婦人の解放、労働組合結成の奨励、教育の自由主義化、圧制的諸制度の撤廃、経済の民主化）といわれるものの正体はこの政治戦でした。つまり、日本の政治や制度、ある意味での国体を、自分の都合に合わせて改造してしまうことです。「改革」と呼ぶのはアメリカ側のプロパガンダですから、以下は「改造」と呼びます。

改造によりいったんこれらの制度が定着してしまうと、それが現実になってしまいます。そうなると変えようと思ってもなかなか変えられません。その間に日本人の考え方が現実に沿って変わってしまうということが起こります。

象徴天皇もそれを定めた新憲法の制定も、この政治戦の一環であり、国体の変更だったといえます。さらには、占領中の47年に制定された教育基本法と50年に制定された放送法についても同じことがいえます。

このうち教育基本法は２００６年に、放送法は２０１９年になってようやく根本的に改定されましたが、驚くべきことに、憲法は日本の社会や世界情勢がすっかり変わっているにもかかわらず、今に至るまで改定されていません。１度定着してしまうとなかなか変えられないというよい例です。占領が終わったのに広島や長崎で、「原爆」という言葉が避けられて「平和」という言葉に置き換えられているのと同じです。[45]

こういった政治戦と心理戦を支援し、成功させるために、占領軍は日本のマスメディアに言論統制と検閲を行っただけでなく、ＣＩＥという実施機関を設け、日本のあらゆるマスメディアをその支配下に置いて、日本人に「自虐バイアス」と「敗戦ギルト」を植えつける認罪心理戦を実行しました。前者は、「先の大戦とその周辺の時期に日本のしたことはすべて誤りで、悪いことで、アメリカをはじめとする連合国のしたことはすべて正しい」という偏向した見方です。後者は、「日本は悪い戦争をしたから負けた。だから、アメリカをはじめとした旧連合国のいうことが無理筋でも、歴史的事実とは違っていても、罰として受け入れるしかない」という考え方です。

　これらを生んでいるのがＷＧＩＰマインドセットなのですが、ＷＧＩＰ自体については前に見たように誤った情報が広まってしまっているので、実際これがどういうものなのかを第1次資料に基づいて明らかにしておきたいと思います。[46]

狭義のＷＧＩＰは極東国際軍事裁判の広報計画

　48年の2月、ＣＩＥは次のようなＷＧＩＰの第3段階の計画の原案（原案なので日付がないが、前後の文書から2月であることがわかる）を作成し、検討と同意を求めるためにＧ2（参謀2部、諜報、作戦立案などを行う）、ＣＩＳ（民間諜報局、おもに戦争犯罪の捜査と容疑者逮捕を行う）に送りました（以下の文書、傍線と注※は筆者による）。

原案

極秘

記録用メモ

1．添付の日本政府へのメモの目的は、裁判と判決言い渡しの期間極東国際軍事法廷に日本政府が新聞、ラジオ、ニュース映画の報道のための十分な施設を敷設するよう求めること。

2．これらの追加の設備は裁判と判決言い渡しの間厳重なセキュリティ・チェックを行うために、また占領軍が日本国民に戦争責任を認めさせるという責任を果たすために必要とされる。

46年6月3日の占領軍指令27では、CIEの果たすべき役割の1つは、以下のようになっている。

a．以下のことについて勧告すること

（3）敗戦の事実と戦争責任について、日本人の現在および未来の苦しみと窮乏の責任が軍国主義者たちにあることについて、また連合国の軍事占領の理由と目的について、あらゆる階層の日本人にはっきりと理解させること。

３．この目的を達成するためにＣＩＥは占領の当初からＷＧＩＰ（極秘扱い）を実施してきた。現在実施段階に入っているこの第３段階は、裁判と判決言い渡しの報道を最大限にすることを含んでいる。このプログラムはＧ２とＣＩＳの同意と支援を受けている。

４．ＣＩＥはどのような政府からでも得ることが期待できる公共サーヴィスとして追加の施設を敷設することを考えている。

陸軍省（市ヶ谷にあって極東国際軍事裁判が行われていた）のプレス・ルームと市街地にある新聞と通信社のオフィスを結ぶ電話回線がすでにレンタルされている。これらは裁判開始のときに通信隊が敷設する。極東国際軍事法廷での連合国側の報道機関のための公共サーヴィスの施設は十分であり、総司令部渉外局（ＰＯＩ）が適切に運営していると当部局（ＣＩＥ）は理解している。

（後略）

ＷＧＩＰの正体

この文書から以下のことがわかります。

1．CIEは48年2月ころからWGIPの第3段階に入るにあたって極東国際軍事法廷の裁判と判決言い渡しを日本国民および世界に向けて広報するための報道機関向け設備の敷設計画を立て始めた。

2．CIEはその設置目的の1つ「敗戦の事実と戦争責任について、日本人の現在および未来の苦しみと窮乏の責任が軍国主義者たちにあることについて、また連合国の軍事占領の理由と目的について、あらゆる階層の日本人にはっきりと理解させる」という役割を果たすため占領を始めたときから3段階に分けてWGIPを実施してきた（(3)とあるのはこれがCIEの設置目的の第3項目だということを表しています）。この原案はその第3段階のもので「裁判と判決言い渡しの報道を最大限にする」ものである。

この原案に基づいてCIEが同年3月3日に作成した「WGIP」（文書のタイトル）は、WGIPについて、そして、その実施をめぐる当時の状況についてさらに詳細に明らかにしています。

連合国軍総司令部CIE
1948年3月3日

件名　WGIPについて

Ⅰ　提示されている問題

１．次の目的のための優先順位が高い情報プログラムを行うことが妥当かどうかを決めること。

a．一部の日本人およびアメリカ人が、原爆の使用は「残虐行為」であると考える傾向をなくすこと

b．日本人が極東国際軍事法廷の判決を受け入れる心の準備をさせること

（※Ⅰ－２以下はない）

Ⅱ　この問題に関連する事実

１．占領軍指令４（１９４５年10月２日発令、１９４５年10月17日付占領軍指令14および１９４６年６月３日付占領軍指令27により修正）によればＣＩＥの役割の１つは以下のものである。

a．以下のことについて勧告すること

（3）敗戦の事実と戦争責任について、日本人の現在および未来の苦しみと窮乏の責任が軍国主義者たちにあることについて、また連合国の軍事占領の理由と目的について、あらゆる階層の日本人にはっきりと理解させること。

2．その任務を果たすためにCIEは1945年10月から1946年6月までの期間に第1段階のWGIPを開始した。このプログラムは日本のすべての公衆情報メディア、すなわち新聞、書籍、雑誌、ラジオ、映画を通じて実施された。

3．1946年の前半（第2パラグラフに記されているプログラムとある程度重なっているが）に第2段階が開始され、現在に至っている。このプログラムは（日本の）民主主義化をよりポジティヴなトーンで扱い、日本が将来秩序ある、平和的な国際社会の一員となる期待を表している。しかしながら、戦争の原因、戦争責任、戦争犯罪については繰り返し言及している。これらの言及は継続的で厳しいものである。このプログラムは新聞、ラジオ、映画、書籍を通じて行われてきた。

4．G2（CIE）その他の情報源から得られた情報によれば、アメリカの科学者、聖職者、著述家、ジャーナリスト、職業的慈善事業家の著作物や発言によって勇気づけられた日本の個人および団体が広島、長崎への原爆の投下を「残虐行為」として非難している。

あるアメリカ人の間では、彼らに対応する日本人のあるものの感情を反映する形で、以下のような感情が高まりを見せている。すなわちアメリカの資金によって広島でどのような教育的、博愛的運動が行われようとそれらは「残虐行為」に対する償いの精神で行われなければならない。

ある日本人、とりわけ日本の侵略と超国家主義を世界や日本人に対して正当化しようとする人々の間で、東條は説得力のある陳述を行っていて、ゆえに日本人は彼の勇気を賞賛しなければならないという感情が高まっている。

これら2つの点は、占領終結後にいまは休止状態にある超国家主義者がその上に新しい組織を築くかも知れない基礎を構成している。

Ⅲ　結論

今日にいたるまでＣＩＥが実施してきた情報プログラムにもかかわらず、その後の新たな展開は、広島長崎への原爆投下、戦争犯罪裁判、東條の役割についての今ある、あるいはあるとされている誤解の傾向とこれらの誤解の結果生まれる全体主義の出現の可能性に対処するための広範で集中的なプログラムが必要であることを示している。

2. このようなプログラムの実行可能性は細心の注意を払って判断すべきである。そうすることで、目指している目的が達成され、他の占領目的に反するということはなくなる。

Ⅳ　勧告
先に提案したる情報プログラム原案の承認を求める。

賀茂は、WGIPとは「戦争の有罪性」を説くものであった、また、それは「民主化政策の一環」で「啓蒙活動」だったと主張していますが、これらの文書はまさしくその反証になっています。彼女の主張を裏付ける文言は、これらの文書にはないからです。岡部についていえば、これらのWGIP文書を読んで「WGIP延安起源説」を思いついたとすれば、その並々ならぬ想像力に敬意を表したいと思います。

「情報プログラム」をWGIPに組み入れることにした

これらの文書から明らかになるWGIPの目的とは、「広島長崎への原爆投下を『残虐行為』だとする傾向をなくすこと」と「日本人が極東国際軍事法廷の判決を受け入れる心の準備をさせること」であったこと、そのために「先に提案した情報プログラム案」を採ることだったことです。「先に提案した情報プログラム」とは同じく3月3日に提出された「ＷＧＩＰの提案（第3段階）」を指しているようですが、これについては、このあとの第5章で詳しく見ていきます。[47]

ところで、「ＷＧＩＰ」と同じファイルに入っている他の文書も日付は48年2月から10月の期間になっています。これは極東国際軍事裁判の最終論告と判決言い渡しの準備に入り、最終的に判決が言い渡されるまでの時期と一致しています。

一方、3月3日付のＷＧＩＰ文書は、45年10月から46年6月までの「太平洋戦争史」や『真相はかうだ』などの「情報プログラム」をＷＧＩＰの第1段階だとしています。そして、46年前半から48年2月までの『真相箱』などの「情報プログラム」を第2段階のＷＧＩＰだったとしています。[48]しかし、ＷＧＩＰという名称は、私の調べた限りでは48年以前の文書には使われておらず、48年になって初めて登場しています。

これは、48年になってから、ＷＧＩＰという名称を使うようになり、この広報プランに先行する「情報プログラム」（「太平洋戦争史」や『真相はかうだ』など）もさかのぼってＷＧＩＰと呼ぶことにしたということを強く示唆しています。

とはいえ、名称こそ変わっても、このような計画を作成し実施した部局は一貫して同じでした。これは、計画班（Planning Group）という部局で、アメリカ南西太平洋陸軍の計書班（Planning Group）まで淵源をたどることができます。[49]

WGIPマインドセットは複合的

また、「太平洋戦争史」や『真相はかうだ』の内容をチェックするとわかりますが、この「情報プログラム」も最初の段階では日本人に戦争責任を感じさせるというより、日本軍が敗北したことを日本人に周知徹底することに力点が置かれていました。つまり、「日本人のあらゆる階層に敗戦の事実と戦争責任を明らかにする」というCIEの設置目的のうち、「敗戦の事実を明らかにする」に重きが置かれていたのです。

「戦争責任を明らかにする」も、あとで詳しく見るように、「情報プログラム」だけでなく、検閲や情報統制などの心理戦、そして「神道指令」、「5大改革」、「極東国際軍事裁判」、「教育基本法」「放送法」などの政治戦と組み合わせられ、補完されることによって大きな威力を発揮しました。

この意味では、CIEがその設置目的にしたがって極東国際軍事裁判言い渡しの時までに実施した政策のほとんどがＷＧＩＰに関連した政治戦と心理戦（「情報プログラム」を含む）だったといえます。その目的は、「軍国主義の除去」、「戦争能力の剥奪」、「戦争犯罪者の処分」、「極東国際軍事裁判を受け入れさせること」でした。これらはＷＧＩＰマインドセットの中核をなすものです。

これらの政策のなかでも最も強力で永続的な効果を発揮したのは、実はＷＧＩＰというより「教育の自由主義化」の美名のもとにＣＩＥが行った国体思想の破壊と「太平洋戦争史観」に基づく歴史教科書の押し付けでした。これらもまた、前述の政治戦や心理戦と相まって相乗効果を発揮したのです。この意味でＷＧＩＰは、単独のものとして捉えるのではなく、他の心理戦や政治戦と複合的に一体化したものと捉えるべきです。そうしなければ、ＷＧＩＰという1つの広報プランだけで日本人を洗脳したという馬鹿げた陰謀論にとらわれることになってしまいます。ちなみに、高橋史朗もＷＧＩＰに関して、政治戦や心理戦との関係を重視するなど、同じような捉え方を『「日本を解体する」戦争プロパガンダの現在』などで示しています。[50]

コミュニケーション理論からの説明

これらの政治戦と心理戦を実施したＣＩＥは、きわめて強力なマインドセット機関として機能していました。しかも、おそらく結果論的にでしょうが、アメリカのコミュニケーション理論によく合致していました。コミュニケーション理論では、次の条件がそろえば、マインドセットは可能だとされています。[51]

（1）マスコミュニケーション手段の独占
（2）回路形成
（3）制度化

これについては第1章でも少し触れましたが、以下ではさらに詳しく説明しましょう。

まず、（1）です。人々をあるイデオロギーに染まらせるには、それを肯定する情報だけが流れ、否定する情報が流れない状況を作る必要があります。つまりイデオロギーを植えつける側のプロパガンダだけが流れて、それを打ち消すカウンター・プロパガンダが流れないマスコミュニケーション環境を作らなければなりません。

民主主義の国では、言論の自由があるため、これは平時においてはほとんど不可能です。たとえば日本のマスメディアは大体において現政権に批判的なのですが、その一方で、少数派であっても、政権擁護の論調をとるマスメディアもあります。

また、アメリカ、韓国、中国に対するスタンスも、マスメディアごとに相当違います。

このため国民は一方のプロパガンダを打ち消すカウンター・プロパガンダにも触れることになり、どちらか一方に偏ることはほぼなくなります。このような言論バランスの均衡状態があるうちは、大多数の人々をマインドセットすることはできません。

占領当時の日本は、たとえていうなら、ある男性が殺人罪の疑いをかけられ、警察が男性に不利な証言者の話だけを聴取し、彼の反論――たとえば被害者とは会ったこともなく、殺害当日のアリバイもあるなど――はまったく取り上げず、検証もしない状況にありました。このような状況下では、裁判官も不利な証言と状況証拠だけを採用するので、彼は裁判で有罪になってしまいます。

占領軍は7年間にわたって、あらゆるマスメディアを独占して、日本が不当な戦争をしかけ、多くの戦争犯罪を行い、アジアの民を苦しめたという報道だけをさせ、それに対する一切の反論は、検閲と言論統制によって完全にシャットアウトしました。

衛星通信やインターネットやSNSが発達した今日では、イラク戦争やアフガニスタン戦争やイスラム国との戦争でも、アメリカ軍は敵性プロパガンダを遮断することはできません。なぜアメリカが日本の占領に、また、ソ連が東ヨーロッパの共産主義国の支配に成功したのか、そのあとなぜ失敗したのかは、この（1）で説明できます。つまり、マスメディアの独占が不完全で、反論を取り上げるメディアもあるので、アメリカやソ連の思い通りに人々の考えを操ることができなかったということです。

団塊の世代が自虐的になる理由

（2）は最初にある情報を与えると、それを受ける人間に固定的回路ができてしまい、そのあとそれに反する情報を何度送っても、受け付けなくなることをいいます。これを、柔らかい土の上に水を流すことに喩えましょう。水を流すと、溝ができて水路が形成されます。いったん溝ができるとそのあと何度水を流そうと、水は同じ溝を流れていきます。これが回路形成です。

アメリカ企業はこれをよく販売戦略に応用しました。たとえば、コカ・コーラやマクドナルドやケンタッキー・フライドチキンを日本に売り込むとき、子供をターゲットにしました。大人はすでに味覚や好みができてしまっているので、これら外来のものをなかなか受け付けませんが、まだこれらのものが出来上がっていない子供は受け入れるからです。まだ水を流していないときのやわらかい土と同じです。そして、一旦受け入れると、その後は何度でも飲み、食べ続けます。回路が出来上がってしまったからです。

イデオロギーに関しても、今まで知らなかったことを初めて教えられると、そのあとそれと違ったことを何度教えられても、最初に教えられたこと以外は受け付けなくなります。このことは北朝鮮などの国民が、なぜあのようなマインドセットに陥り、独裁者の発するプロパガンダに操られてしまうのかを説明します。

終戦後の日本人に関していえば、大本営発表しか聞かされていなかったので、戦争に関しては、あまりよく知りませんでした。そこへ占領軍によって、後で詳しく見る新聞連載「太平洋戦争史」やラジオ番組シリーズ『真相はかうだ』によって、初めてアメリカ側からの詳しい情報を与えられました。

これらは基本的にアメリカ側によるプロパガンダなのですが、それまで大本営発表しか知らなかっただけに、大多数の日本人は信じてしまいました。占領は７年の長きにわたりましたので、この間に占領軍のプロパガンダは、本当のこととして定着してしまいます。７年は相当長い期間です。そして、一旦このように回路が形成されてしまうと、占領が終わったあとにそれを否定する情報が与えられても、それを受け付けなくなってしまうのです。「バカの壁」状態です。これは第1章でも述べました。

占領軍が植えつけた「戦勝国史観」と「太平洋戦争史観」を批判すると「右翼」、「歴史修正主義者」、「陰謀論者」とレッテル貼りをする人々が陥っているのがまさにこの状態です。戦争についてある程度知識を持っていた当時の大人の場合は、この効果が減殺されたかも知れません。しかし、知識が少なく、抵抗力もない学童たちには効果絶大でした。この学童たちこそ昭和と平成の時代を担った「団塊の世代」です。現在分別盛りの日本人の大多数が「自虐的歴史観」を持っているのはこのような理由によります。

占領軍の「民主化」が日本のマスメディアを反日にした

最後は（3）の制度化です。前述の2つのことが、短期的に強力に行われても、それが行われなくなれば、その効果はやがて消えます。これを永続的なものにするためには、システムや制度が作られる必要があります。

共産主義国であれば、共産主義のドクトリンを説くだけでなく、それを浸透させる組織を作ります。ソ連なら、青少年にイデオロギーを植えつけたコムソモール、ナチスドイツならやはり青少年をターゲットとしたヒットラー・ユーゲントなどがありました。

メディアに関しても、ソ連なら『プラウダ』、『イズベスチヤ』、中国なら中国共産党中央宣伝部の下にある『人民日報（その国際版環球時報）』、中央電視台です。これらによってイデオロギーやドクトリンは永続化します。

占領期とそれ以降（３）を担ったのは、日本のマスメディアと教育機関でした。そしてその改造をしたのは、その名の通りの「情報と教育の部局」つまりＣＩＥ（Civil Informatiton and Education Section）だったのです。

これまでも、占領軍がマスメディアを支配して、言論統制と検閲をしたことはよく知られていました。たしかに、占領開始からまもなくプレス・コードとラジオ・コードを日本のマスメディアに課し、ＣＣＤを通じてそれらに基づく検閲と言論統制を行っています。そして、ＣＩＥは、日本の新聞、放送、映画などを支配下に置いたのち、「太平洋戦争史」、『真相箱』、反軍国主義映画、東京裁判ニュース映画など「情報プログラム」を実施させました。

あまり意識されていないのは、占領軍が「５大改革」の１つ「労働組合結成の奨励」を実行することで、実質的に日本のメディアを改造していたということです。これを知らなければ、戦前はきわめて軍国主義的で日本軍のプロパガンダ機関のような役割を果たしていた朝日新聞、毎日新聞、日本放送協会、映画制作者が、なぜ今日のような反日的姿勢を取るようになってしまったのか理解できません。

単純化していえば占領軍の行ったメディア改造とは、メディア企業の従業員に労働組合を組織させ、その経営に参画させることでした。これは、地主から土地を取り上げ、小作農にそれを分配した農地解放と軌を一にしています。企業の場合は、会社の株式を従業員にも持たせ、経営者が握っていた権力を労働組合に移しました。もちろん、占領軍はメディア企業だけでなく、一般企業にも同じ「労働組合結成の奨励」を行いました。

こうすると、メディア企業の従業員は、自然に「これまでは経営者が政府や官僚や軍人の側にたってきたので、道を誤って戦争に走り、このような悲惨な結果を招いた。こういったことを反省して、我々は先頭にたって会社と日本社会を民主化しよう」と思います。若林が集めた「反省文」が示すように、このような心理や動きは、たしかに占領軍が来る前から日本人にありました。しかし、占領軍の政策はそれを強力に後押しし、2度と元に戻ることがないよう固定する役割を果たしたのです。

当然の流れとして、これらの「民主化されたメディア」は、戦前・戦中の日本の政治、経済、軍事、社会を激しく非難します。そして、それと連続性を持っている当時の政府、大企業、社会の指導者や組織を猛烈に攻撃します。これを戦前回帰の芽を摘みたい占領軍の検閲と言論統制が強力に後押しをします。

注意していただきたいのは、こういったことは東京だけで行われたのではないということです。ＣＣＤやＣＩＥの要員は新聞に関しては３大全国紙だけでなく地方紙にも、日本放送協会に関しても、東京局だけでなく、各都道府県の支局にも、つまり全国各地に多数送られました。映画の場合は、ほぼ東京と京都だけですが、検閲や言論統制を受けただけでなく、制作資金や配給網までがＣＩＥにしっかり握られていました。

これらの機関の要員は、占領期間の7年の長きにわたってメディア企業の従業員と一種の共同作業を行い、大抵の場合はかなり親密な人間関係を築くことに成功しました。

こうして、戦前・戦中の日本を正当化したり、肯定したりする報道や映像は徹底的に検閲され、削除され、占領軍による「5大改革」を支持し、礼賛する報道と映像だけが流れることになったのです。これこそ江藤が「閉された言語空間」と呼んだものです。

これが今日問題なのは、外国の軍隊によって押し付けられたもので、日本人の自発性によるものではなかったということです。そして、戦前・戦中の日本だけでなく、現在の日本に関しても否定的スタンスを取るようにマインドセットしたということです。

「太平洋戦争史」は占領軍のブラック・プロパガンダ

（3）においてマスメディア以上に決定的役割を演じたのは教育です。

ＣＩＥはまず「神道指令」によって「大東亜共栄圏」に関する書物の焚書を行いました。次いでこの指令で「大東亜戦争」という名称の使用を禁じ「太平洋戦争」という名称を強制しました。そして、これはメディアだけでなく、教育機関においても徹底させました。つまり、「教育の自由主義化」の美名のもとに、先の戦争を日本の側から見るのではなく、アメリカの側から見ることを強いたのです。当然、アメリカは正しく、日本は悪く、日本だけが残虐行為をしてアジアの人々に多大の迷惑をかけたとなります。

欧米列強からアジアを解放し、日本を中心とする共栄圏を築くための戦争だったという主張は、物欲のための侵略を正当化するための嘘だとされました。戦争のあとアジアの国々に澎湃として独立運動が起こり、多くの国々が欧米列強から独立を勝ち取りつつあったことは無視します。

ＣＩＥの巧妙なところは、「太平洋戦争史観」を日本人に押し付けたことを隠し、日本人が自発的にそうしたように装ったことです。たとえば、『太平洋戦争史』を翻訳して書籍にした中屋健弌は、その後東京大学教授となり、現代史（アメリカ史）の研究と教育の中心的人物となりました。これによって「太平洋戦争史観」がいかにも良心的日本人から自発的にでたもののように擬装したのです。

不思議なことに、占領軍とはイデオロギー的に敵対しているはずの日本教職員組合も「太平洋戦争史観」を擁護し、若い世代にそれを浸透させることに進んで協力しました。

こうして日本の教育そのものが、大東亜戦争の大義を否定し、アメリカ側の「戦勝国史観」と「太平洋戦争史観」を広めるものとして「制度化」されてしまいました。これによって公教育の場で、組織的かつ徹底的に「自虐バイアス」と「敗戦ギルト」の摺り込みが行われ、占領が終わったのちもこれらが永続化することになりました。かくして、日本は「２度とアメリカに立ち向かうことがない国」になってしまったのです。

次の章では、いつからこのような心理戦が始まったのか、それが終戦までどのように変遷したのかをマッカーサーの右腕だったボナー・フェラーズを中心に詳しく、歴史的に実証的に見ていきましょう。

第4章　ボナー・フェラーズの天皇免責工作と認罪心理戦

『終戦のエンペラー』は歴史的事実を踏まえている

2012年に『終戦のエンペラー』という映画が公開され、話題になりました。[52] そのストーリーは次のようなものです。

終戦後まもなく、昭和天皇を戦争裁判にかけようというアメリカの世論を受けてトルーマン大統領がマッカーサー総司令官にそれが可能かどうか問い合わせてきます。マッカーサーは、自身の側近の1人で日本通のボナー・フェラーズ准将にこの調査を命じます。そこで、彼は木戸幸一（元内大臣）、近衛文麿（元総理大臣）、東條英機（元総理大臣）などを探し出して、天皇が開戦時と終戦時にどのようにふるまったか聴き取りました。フェラーズは、彼らの話だけでは満足せず、日記やメモなど証拠の提出も求めました。その結果、開戦に至る過程での責任に関しては判断が難しいものの、終戦にいたる過程では当時の憲法に反してでも終戦に導こうとしたので、裁判にかけるのは適当ではないという結論に至りました。マッカーサーはフェラーズにセットさせた天皇との会談ののち、天皇を裁判にかけないことを決意します。

この映画では、史実とは違って、主人公フェラーズとアメリカ留学時代恋人だった島田アヤ（架空の人物）とのラブストーリーが展開され、しかも、それを演じるフェラーズ役のマシュー・フォックスと島田役の初音映莉子《はつねえりこ》の知名度が低いことに加えて、無理な脚色（フェラーズが占領下の東京の居酒屋に入っていって酔っ払いの日本人にからまれてなぐられるなど）があったため、多くの批判を浴びました。

にもかかわらず、この映画が重要部分において史実をなぞっていることは注目すべきです。つまり、アメリカの政権トップが天皇を戦争裁判にかけられるかどうかマッカーサーに打診し、これを受けて彼がフェラーズに調査を命じたのち、天皇を戦争裁判にかけるべきではないという勧告を得ていたことです。フェラーズがこのために作成した報告書などがスタンフォード大学ハーバート・フーヴァー研究所に残っています。[53]

これらの文書によりますと、フェラーズはこの報告書のために、東條と45年9月25日に会見しています。これはマッカーサーに勧告書を出す10月2日の前なのですが、木戸と面会するのは翌年の1月23日、米内光政（元総理大臣）とは3月6日、鈴木貫太郎（元総理大臣）に至っては5月14日です。

ということは、フェラーズは、映画のように、重臣たちに会い、調査をしてから天皇を免責すべしと勧告したのではなく、最初から天皇を免責する意向を持っていて、9月25日に東條と話し、9月27日にマッカーサーが天皇と会見したのち確定したことになります。そのあとの聞き取りの記録は、提出した報告書の補強材料だったのです。

巷間よく伝えられるストーリーに、マッカーサーが天皇と会談したときに、その高潔な人格に心を打たれて、天皇をその地位に留めおく決断をした、というものがあります。天皇の「高潔な人格に心を打たれた」かどうかは定かではありませんが、前に述べたような時間的流れからいけば、天皇との会見がマッカーサーの決断に影響を与えたということは十分ありえると思います。このことは、あとで詳しく見ます。

フェラーズとは何者か

さて、この映画のストーリーは、占領軍が日本人に行った心理戦と深く関係しています。そもそも、フェラーズは44年の6月以来、マッカーサー率いるアメリカ南西太平洋陸軍（終戦後は占領軍となる）の心理戦の指揮を執り、終戦の後もマッカーサーの傍らにあって心理戦の中心にいた人物の１人だったからです。

まず、フェラーズと日本との関係を説明しましょう。彼は14年にインディアナ州リッチモンドにあるアーラム大学に入学し、たまたまこの大学に交換留学生としてやってきていた渡辺ゆりと知り合っています。これが、彼が日本文化とラフカディオ・ハーンを知るきっかけとなりました。[54]

しかし、彼は軍人になるために16年にこの大学を中途退学し、ウェストポイントの陸軍アカデミーに入りました。しかし、渡辺との交友はその後も続きました。

第１次世界大戦のために年限が短縮されて18年に陸軍アカデミーを卒業した彼は、沿岸砲兵部隊に配属されました。その後、20年にフィリピンに出張する際に初めて日本を訪れています。[55]

その後29年から31年までフィリピン勤務をしたあと、カンザス州フォート・レヴェンワースにある陸軍士官大学に入り、35年に終了しています。特筆すべきは、在学中に「日本兵の心理」という論文を書き、陸軍関係者の高い評価を得たことです。

彼は渡辺を通じてハーンの文学に親しんでいたので、ハーン的視点、つまり、西洋キリスト教文化とは違った八百万の神々が支配する日本に興味を持ちました。一方、当時の日本は、アメリカが統治するフィリピンに隣接する潜在敵国として存在感を強めていました。当然ながら、フェラーズは日本を軍事的な面からも分析するようになります。その成果が「日本兵の心理」だったのです。[56] この論文は、簡単にいうと、日本兵の心理と神道の関係を明らかにしたものです。つまり、現人神である天皇を信じ、死を恐れず、むしろ名誉とする日本兵の考え方の背景には、神道があるということです。渡辺との出会い以来持ち続けてきた日本に対する興味が実を結んだのです。

その後、彼はフィリピンの陸軍アカデミー設立準備のために3度フィリピンに送られ、36年の開校ののちには、そこで教鞭をとるとともに、フィリピン総督となっていたマッカーサーとフィリピン大統領のマニュエル・ケソンの間の連絡役となりました。これは3年の長きにわたって続きます。[57]

ＯＳＳからマッカーサーの幕僚へ

彼は、40年から42年6月までは、カイロのアメリカ大使館付武官を務めますが、このときイギリスとの間で交わした暗号電報がドイツによって解読されるという不祥事が起こりました。意図的情報漏洩ではなかったものの、フェラーズはカイロから去らざるを得なくなり、42年7月に帰国してＯＳＳ（戦略情報局）計画グループ（Planning Group）に所属しました。[58] 対日戦争が始まった後の42年6月に創設されたＯＳＳは、出所を明らかにしない情報を主体とするブラック・プロパガンダを担当していました。

メディアやコミュニケーションの専門家ではないフェラーズがこの部局に迎えられたのは、ＯＳＳの上層部が「日本兵の心理」の執筆者としての知識が政治戦や心理戦に活かせると考えたからです。彼の論文は、軍関係者の間では日本兵の心理を知るための重要文献になっていました。

このころ、アメリカとイギリスの情報関係者の間できわめて重要な動きが起こっていました。ＯＳＳとイギリス側のＰＷＥ（Political Warfare Executive、政治戦執行部）が会議を重ね、心理戦を共同で行う体制を作ることにしたのです。ちなみにイギリスはこの当時は政治戦に心理戦を含めていました。

フェラーズは42年8月にOSS側の一員として米英蘭豪合同のPC（Political Warfare Committee、政治戦委員会）に出席するためオーストラリアに送られ、イギリスやオーストラリア側と米英合同の心理戦について話し合いを持ったのち、当時は当地にいたアメリカ南西太平洋陸軍に加わり、マッカーサーの心理戦担当の軍事秘書となります。44年6月に南西太平洋陸軍に心理戦局が新設されてからは、そのトップの座につきました。[59]

翌月にはアメリカ軍は日本軍から奪ったサイパン島にラジオ局を設置し、OWIがホワイト・プロパガンダを、しばらくのちにOSSがブラック・プロパガンダを、太平洋地域だけでなく日本本土向けにも放送するようになりました。これには当然ながらフェラーズの心理戦局も関与しました。[60]

ホワイト・プロパガンダ、ブラック・プロパガンダとは何か

ここでなぜ、ホワイト・プロパガンダとブラック・プロパガンダを分けて使うのかということを説明しましょう。たとえば、太平洋の島々で戦っている日本兵に対して、「日本の艦隊はすべて撃沈した、もう援軍は来ない」という放送を流したとします。この放送を日本兵が本当だと信じれば、戦う気力をなくすでしょう。問題はその情報源は

どこなのかということです。それがアメリカ軍だと知った場合、日本兵はこの情報を決して信じません。敵が自分たちの心を揺さぶるために流したプロパガンダだと思うからです。

そこで、アメリカ軍は情報源がどこなのかわからないようにして、直接的ないい方ではないものの「日本軍が大打撃を負っているらしい」ととれる情報を発信します。これだと情報源がどこなのかわからないので、その内容を信じていいのか、悪いのか迷います。半信半疑で不安になるでしょう。今まで信じていたことに疑念を抱き始めるかもしれません。これがブラック・プロパガンダで、こうして戦意が弱まっていくのです。

とはいえ、このようなブラック・プロパガンダばかりを行っていると日本兵はやがて慣れてきます。そして、これは敵の心理戦だからと決めつけて迷わなくなります。

このためアメリカ軍は、ホワイト・プロパガンダも併用しました。ここではアメリカ軍が情報源だと明らかにしているので、嘘は禁物です。もし、嘘を交えると、日本兵は2度とこの種の情報に耳を貸さなくなります。したがって、日本軍もよく知っていて、事実として確立していることにだけ言及します。こうすれば、日本兵は、アメリカ軍は嘘をついていないと思うようになります。そして、ブラック・プロパガンダの一部が本当だったと確認し、耳を傾けるようになります。

この2つを意識的に併用することによって、アメリカ軍は日本兵の注意を自分たちが発信する情報に常に引きつけ、心をかき乱したり、戦意を喪失させたり、降伏を決意させたりすることができます。

このようにアメリカ軍がプロパガンダをホワイト・プロパガンダとブラック・プロパガンダに分け、前者をOWI（戦時情報局）、後者をOSS（戦略情報局）に担当させて心理戦を行うのは、ラスウェルの理論に基づいているのです。

日本兵の心をつかみたければ天皇を貶めてはならない

44年12月からは、このサイパン島の放送局のアドヴァイザーとして国務省の親日派である国務次官（のちに長官代理）のジョセフ・グルーや日本課長のユージン・ドゥーマンなどが加わりました。2人は国務省内ではエマーソンの上司にあたります。

「フェラーズ文書」からわかることは、アメリカ南西太平洋陸軍のホワイト・プロパガンダは当初からある方針で一貫していたということです。それは、日本兵の大部分が農民や労働者階級出身であることを踏まえて、日本軍の上層部の腐敗を糾弾し、この戦争は一般兵士たちの利益にはならないことを説く一方で、決して天皇をあざけったり、非難したりしないということです。[61]

フェラーズは、「日本兵の心理」を書いたくらいですから、南西太平洋で日本兵相手に心理戦を行ううちに、軍閥を非難するのはいいが、天皇を誹謗すれば、日本兵は心を閉ざしてアメリカ軍のブラック・プロパガンダやホワイト・プロパガンダに耳を貸さなくなることを学習しました。この認識を彼は国務省にあって、彼らの心理戦の顧問になっていたグルーやドゥーマンと共有します。彼らは、日本兵や日本国民の心をつかむには、天皇をどう扱うかが鍵だということを深く胸に刻み込みます。この認識が後で詳しく見る彼の天皇の戦争犯罪免責工作につながっていくのです。

効き始めたフェラーズの心理戦

しかし、フェラーズのホワイト・プロパガンダは、44年の末までは成果を上げられませんでした。おもに宣伝ビラや拡声器で日本兵に投降を呼びかけるのですが、彼らはそれにはまったく応じず、ジャングルや洞窟に潜んだまま天皇のために、勝算無き戦いをやめようとしませんでした。

このため、もともとこの心理戦を胡散臭く思っていたアメリカ軍の幕僚たちの理解や協力はなかなか得られませんでした。実際には彼らは投降してきた日本兵を撃ったり、ひどい暴行を加えたりしていたのです。これらの軍の上層部が普段から下級士官に「日本兵をむやみに殺さないように、投降してきたなら丁重に扱うように」といいきかせていなければ、フェラーズたちがいくら「無駄死にするよりも降伏せよ」とビラや拡声器で呼び掛けても無駄です。[62] どこかに隠れ潜んでいる日本兵が、投降兵がどうなったかを見ていて、アメリカ軍の降伏の呼びかけは、彼らをおびき出して殺すための罠だといい広めるからです。フェラーズは日本軍に対する心理戦以前に、味方の幕僚たちに理解と協力を求め、一般兵士の教育を行わなければならなかったのです。

潮目が変わったのは45年が明けたころでした。フェラーズのホワイト・プロパガンダが一定の効果を上げるようになってきたのです。それは45年7月21日付で心理戦局が作成した報告書のなかのグラフに表れています。[63] 44年12月の時点で心理戦局は累計約2００万枚のビラを撒きましたが日本兵の投降者は93名にすぎませんでした。ビラの数を翌年の４月までに累計約９５０万まで増やしたところ、投降者は１２３０人まで増えました。その２カ月あとには投降者の数は４１７５人にのぼりました。

この傾向は、彼の軍が太平洋地域で日本軍に対して圧倒的勝利を収め、占領地域を広めたこと、捕虜を大量に獲得することで強まります。捕虜に彼らのビラや宣伝文を読み聞かせ、改良点を訊いて、それを心理戦にフィードバックして洗練させていくことができたからです。この流れは占領地域、とくにフィリピンで新聞発行やラジオ放送やビラなどで心理戦を大規模に行えるようになったことで加速していきました。[64]

フェラーズは、占領地のフィリピン人に対しては、「日本軍に協力せず、抵抗に立ち上がるように」というホワイト・プロパガンダを流しましたが、前にのべたような彼の経歴から、フィリピン政府上層部から協力が得られたので、大きな効果を発揮しました。

太平洋の島嶼で徹底抗戦している日本兵に対しては、「もはや日本の艦隊は全て沈められ、味方も補給も来ない」というビラを大量にまきました。これはこの当時では、事実に基づくホワイト・プロパガンダになっていました。

彼は次第に、心理戦でどのようなメッセージを送るかということもさることながら、日本兵捕虜から得られた反応やデータによって修正を加えつつ、目標を設定して、計画的・メディア横断的に継続してプロパガンダを日本兵に送り続けるということが重要であると実感するようになりました。

このようにフィリピンでメディアを横断的に使って大規模な心理戦を行ったことは重要な意味を持ちました。この経験を踏まえて、このあと日本で、新聞、ラジオ、雑誌、映画などを総動員した日本人に向けた大がかりなメディア横断的な心理戦を行うことになるからです。

天皇・軍閥分離プロパガンダ

45年5月以降グルーたち国務省の知日派は、天皇と軍国主義者を区別し、戦争責任を後者にのみ負わせ、前者は免責するという形で戦争を終わらせたいと考え、そのようにハリー・S・トルーマン大統領に働きかけるようになります。[65] 日本兵相手に心理戦を行って、それがもっとも効果的な説得方法だと学習していたからです。

彼らはトルーマンが天皇の免責に同意しないと分かったのちも、そのようなニュアンスが伝わるようなメッセージをラジオ放送で日本兵および日本国民にホワイト・プロパガンダとして送りたいと思いました。

これをアメリカ南西太平洋陸軍は太平洋の島々に敷設した放送施設を使って実行するのですが、これにはフェラーズの管轄下にある放送局も含まれていました。彼らは戦争の責任を軍国主義者に負わせる一方で、天皇および皇室には言及しないことで、天皇が免責されるということを強く匂わせました。経験から得た知恵です。

一方、日本が降伏するまでは、フェラーズたちは戦争裁判のことにはあまり触れませんでした。触れれば、日本兵は降伏より玉砕を選ぶと思ったからです。

彼らが強調したのは、無条件降伏とは、日本軍に関してであって、日本国民に関するものではないという点でした。彼としては、連合国側も、軍閥と天皇および日本国民とを区別して扱おうとしていると伝えたかったのです。[66]

また、フェラーズは、「死ぬよりも、生き残って日本の未来のために尽くしてください」というメッセージを送り始めます。[67]これは大いに効き目を表し、投降者の増加につながりました。ポツダム宣言が7月26日に出てからは、この宣言の意図を天皇、日本軍、日本国民に説明することに全力を傾けました。[68]

日本は無条件降伏していない

終戦後、フェラーズが日本に乗り込んできたとき、彼が取り組むことになった心理戦の目標は、まずは日本軍と日本国民に敗戦を認めさせることでした。さらにいえば、日本は条件付で降伏したのではなく、無条件降伏したといいくるめることでした。

というのも、日本政府首脳は国体護持と天皇の大権の保持にこだわり、最後まで譲らなかったからです。フェラーズは、対日プロパガンダの責任者の1人としてこのことをよく知っていました。

拙著『原爆　私たちは何も知らなかった』でも触れたポイントですが、日本人の歴史認識において重要ですし、江藤も問題にしたことなので、「無条件降伏」について少し詳しく説明しましょう。日本は45年8月14日にポツダム宣言を受諾しました。この宣言の正式名称は、「日本の降伏条件を定めた公告」(Proclamation Defining Terms for Japanese Surrender)です。宣言を受諾したということは、ここに定めた降伏条件を飲んだということです。つまり、日本は無条件降伏したのではないのです。天皇はポツダム宣言を受諾しても国体が護持できるとスイスからの情報を得て確信し、8月10日に第1回目の御聖断に踏み切りました。[69]

このとき日本側は、「天皇の国家統治の大権」にこだわり、降伏してもそれが守られるかどうかアメリカ側に確認しました。これに対し当時国務長官だったジェイムズ・バーンズが8月12日に「降伏のときから天皇と日本政府の統治権は、降伏条件を実施するうえで必要と思われる手段をとる連合軍最高司令官の下に置かれる」と回答しました。
天皇はこれを受けて8月14日に2度目の御聖断を下しました。このとき、ポツダム宣言を受け入れる理由をこのように述べています。
「自分は、先方は大体我方の言分を容れたものと認める。第四項（国体護持）に付いては東郷（茂徳）外務大臣のいう通り日本の国体を先方が毀損せんとする意図を持っているものとは考えられない」[70]
つまり、自分たちの主張が受け入れられ、ポツダム宣言にある条件を受け入れても国体護持と天皇の大権の保持が可能であると判断したので降伏を決断したのです。

日本はバーンズ回答を受け入れていない

ここまでは、比較的よく知られていて、江藤も書いていることです。彼が書いていないのはこのあとの経緯です。

これまで、日本は8月12日のバーンズ回答を受け入れたとされてきました。しかし、降伏通告の仲介をしたスイスの公文書にあたったところ、そうとはいえないことがわかりました。2度目の御聖断を受けて東郷が駐スイス公使加瀬俊一に送ったアメリカ宛の回答は次の通りでした（前文は省略）。

一．天皇はポツダム宣言の条件を受諾することに関する詔勅を発した。

二．天皇は政府と帝国統帥部にポツダム宣言に書かれた条件を実行に移すために必要な協定に署名する権限を連合国軍最高司令官に与える用意がある。天皇はまたどこであれ日本のすべての陸軍、海軍、空軍当局の戦闘停止、武装解除を保証し、その他連合国軍最高司令官が前述の協定の執行に必要とする命令の実行も保証する用意がある。[71]

ポイントはバーンズ回答の肝である「降伏のときから天皇と日本政府の統治権は、降伏条件を実施するうえで必要と思われる手段をとる連合軍最高司令官の下に置かれる」に対して、受け入れるとも受け入れないとも答えていないことです。

しかも、文の主語が天皇になっていることもあり、天皇がその大権を保持しつつ、連合国軍最高司令官に必要な措置をとる権限を与えると読めます。

考えてみれば当然です。占領とともに天皇の大権が総司令官の下に置かれたのでは国体護持になりません。また、これを条件として飲んだのでは、総司令官が天皇の大権を奪うと決めたらそれに従わなくてはなりません。だからこのように答えたのです。

スイス連邦政府公文書館に残る文書を読むとバーンズ回答を全面的に受け入れると思っていた加瀬とスイス連邦政治省がこの曖昧な回答に困惑していたことがわかります。[72]これだとアメリカ側が終戦提案を拒否する可能性があります。しかし、9時間待っても日本から次の電報はこず、連絡もつかず、バーンズもスイス政治省に国際電話をかけてきて回答を迫るので、加瀬は9時間前に受け取ったものを最終回答として、スイス政治省に渡さざるを得ませんでした。[73]

アメリカのスイス公使館を通じて8月14日にこれを受け取ったアメリカ側もこの回答に戸惑いますが、ここで押し問答していたのでは交渉が決裂すると思い、この回答をもってポツダム宣言の受諾とみなすと日本側に一方的に通告し、アメリカ軍には戦闘停止命令を出し、日本が降伏したという大統領声明を同日に勝手にプレス・リリースしてしまいました。[74]

一方で、日本側はバーンズ回答に対する日本側の回答（つまり天皇の大権の保持）が受け入れられたものと考えて、前日用意していた終戦の詔書《しょうしょ》を8月15日に玉音放送として流してしまいます。したがって、このなかで天皇が次のように述べているのは不思議ではありません（傍線筆者）。

然《しか》レト（ど）モ、朕ハ時運ノ趨《おもむ》ク所、堪《た》ヘ難《がた》キヲ堪ヘ、忍《しの》ヒ（び）難キヲ忍ヒ（び）、以《もっ》テ万世《ばんせい》ノ為ニ太平ヲ開カムト欲ス。
朕ハ茲《ここ》ニ國體《こくたい》ヲ護持シ得テ、忠良ナル爾《なんじ》臣民ノ赤誠《せきせい》ニ信倚《しんい》シ、常ニ爾《なんじ》臣民ト共ニ在《あ》リ。

天皇はここで明らかに「國體ヲ護持シ得」たという確信を示し、これをもとに、国の為に尽くそうとする国民の真心を信じ、共に未来を開こうと決意しています。国家元首としてこれからも日本を導くという意思がうかがえます。要求した条件を認めさせたという確信がなければ、天皇はこのように述べなかったのではないでしょうか。

日本人の歴史認識にとって条件付降伏と無条件降伏とはまったく違います。条件付ならば、「自分たちは戦争に負けたが、条件付なのだからそれをもとに権利を主張できる」というポジティヴな意識になります。無条件ならば「何をいってもしかたがない。黙って従うしかない」と投げやりな意識になります。だから、アメリカ側としても、占領をやりやすくするためにも、日本は敗北しただけでなく、無条件降伏したのだとマインドセットしにかかることになります。

アメリカ軍も戦争犯罪に手を染めていた

実際にはしていないのに「無条件降伏した」といいくるめることも難しいことですが、戦争裁判を受け入れさせる方はさらに大きな困難がありました。それまでのアメリカ軍のプロパガンダは、この点にあまり触れていなかったからです。さらに日本軍が戦争犯罪に手を染めていたとしても、それはアメリカ軍も同じだったからです。

映画『硫黄島からの手紙』を見た方はご記憶だろうと思いますが、この映画には日本にいる家族のためにも生きて帰還しようと日本兵がアメリカ軍に投降する場面がありますす。この日本兵はすぐにアメリカ兵に撃たれてしまいます。[75] これは明らかにハーグ陸戦法規違反で戦争犯罪です。

しょせん映画はフィクションだからという人がいるかもしれませんが、投降する日本兵をアメリカ兵が射殺したり、殴り殺したりするのは、前述のように頻発していたのです。

日本ではほとんど見ませんが、アメリカで放送される歴史ドキュメンタリー番組では、船が撃沈されて海に浮かんでいる日本兵をアメリカ兵が船から銃で撃っている映像が流されることがあります。これは戦争犯罪というだけでなく、「海に浮かんでいる生存者は、どんなことをしても助ける」という海の男の掟に反する行為です。

日本兵といえば「生きて虜囚の辱めを受けず」と戦陣訓で教えられたので、なかなか捕虜にならなかったといわれています。それは大きな要因だったと思いますが、加えて投降しても、殺されたり、暴行を受けたり、辱めを受けたりすることも理由でした。

また、日本ではあまり知られていませんが、先の戦争で殺された日本兵から刀や銃や国旗その他のものを戦利品として奪って、帰国後、マーケットに出品することがアメリカやオーストラリアでよく行われています。日本では終戦の日の前後に、アメリカ人がこういった戦利品を持主の遺族に返したというニュースがよく美談として報じられます。本当は死者から所持品を奪うことを許したアメリカ軍、実際にそれを行ったアメリカ兵を厳しく非難すべきです。ところがそんな意識のない日本側の遺族は、アメリカ人から返還を受けるとき感謝感激の表情をしています。例によって、NHKはローカルニュースなどでこれを美談として広めます。私などは、むしろこのことに心を痛めます。

また、これも日本側ではあまり知られていないことですが、アメリカ兵は日本兵の遺体の一部（首や手足）を切り取って、人間トロフィー（もともとは、狩猟などで仕留めた鹿等の角や首を飾り物にしたもの）にしていました。基地などのフェンスや柱に吊るしていただけでなく、家に持ち返って飾る場合も多かったのです。ルーズヴェルト大統領も日本兵の腕の骨から作られたペーパーナイフを使っていたそうです。[76] 日本兵はアメリカ兵にそんなことをしたでしょうか。

アメリカ兵が決まり文句のように交わしていた言葉にも「いい日本人は死んだ日本人だけだ」「The only good Japanese is a dead Japanese」というものがあります。これはアメリカ人が日本人をどう思っていたかをよく表す言葉です。

日本軍が残虐だということはよく聞かされていますが、アメリカ軍の方はそうではなかったとはいえないのです。とくに、サイパン陥落後に開始した日本の都市への無差別爆撃は、非戦闘員の大量虐殺以外の何ものでもありません。その規模は、プロパガンダによく使われる南京事件の比ではありません。原爆投下のことをいうまでもなく、アメリカ軍は国際法に反して大規模で組織的な日本の民間人の虐殺に手を染めていたのです。

それなのに、日本は戦争犯罪者を裁判にかけるとした第10条を含むポツダム宣言を受け入れなければなりませんでした。アメリカ風にいえば「こめかみに銃を突きつけられて」約束させられたのです。しかも、日本がポツダム宣言を受諾する段階では、日本側だけが戦争裁判を受けるなどとは思っていませんでした。

したがって、高級軍人や重臣を含めて日本人にとっては、戦争犯罪を問われるだけでも抵抗感があるのに、日本側だけが、一方的にアメリカ側によって裁かれるということは到底受け入れがたいことでした。

天皇を心理戦に利用

フェラーズはそれを日本人に受け入れさせるため、天皇を利用することにしました。ということは、最初から天皇をその地位に留めることを考えていたのです。8月22日の「日本における情報伝播のコントロールのための軍事基本計画」のなかで、これについて次のように明らかにしています（傍線筆者）。

（前略）

C．心理的

（1）戦争が終わる数日前まで日本人は戦争に勝つと信じていた。真実を知った衝撃は一

時的混乱とヒステリーを引き起こすだろう。天皇は依然として日本の宗教的信仰の生きた象徴である。したがって、彼の国民に対する支配力があれば彼らの広範な反応を十分抑えることができるだろう。

（2）　情報伝播の手段のコントロールは日本人の行動パターンを最もよく利用するようになされなければならない。

D．政治的

天皇はその大権をポツダム宣言の条件の下で制限されてはいるが、連合国総司令部の指令をその臣民に伝える（translate）ために利用されることになる。[77]

つまり、敗戦の事実を知った日本人の動揺を収め、過激な反応を起こさないように宗教的象徴でもある天皇を利用し、さらに日本国民とのコミュニケーションをつなぐパイプとしても天皇を利用しようというのです。

対日プロパガンダの指揮を執っていたフェラーズは、終戦交渉の経緯からアメリカが「天皇の（国家統治の）大権」を否定していないことを知っていました。だからこそ、彼は天皇を戦争裁判にかけるのでも、皇室を廃止するのでもなく、その大権とカリスマ性を占領に最大限に利用しようと考えたのです。そして、このような経緯からも、もし天皇を裁判にかけたり、廃位させたりすれば、それは「国体護持」と「天皇の大権」に関する約束を破ることになり、重臣や軍人たちや一般国民が猛烈に反発し、占領が失敗に終わるかもしれないと思っていたのです。これはなぜフェラーズが高級軍人や重臣たちに聞き取り調査を行う前から天皇を免責しようとしたのかを説明します。

「敗戦ギルト」を植えつけた東久邇宮

このおよそ1週間あと、日本側の政府トップである東久邇宮稔彦王首相が、天皇ではなく、日本国民に敗戦の罪があるという発言をしました。日本の憲政史上初のこの皇族首相は、8月28日の記者会見で次のように述べています。

(前略) 我が国の戦敗の原因は戦力の急速なる壊滅であつた、これについてはこの度の議会において、包みかくすことなく、全部をさらけ出して一同が納得するやうにはつきりさせようと思ふ (中略) それからさらに国民道徳の低下といふことも敗因の一つと考へる、即ち軍、官は半ば公然と、民は私かに闇 (筆者駐・闇市での売り買い) をしてゐたのである、ことこゝ

に至つたのはもちろん政府の政策がよくなかつたからでもあるが、また国民の道義のすたれたのもこの原因の一つである、この際私は軍官民、国民全体が徹底的に反省し懺悔しなければならぬと思ふ、全国民総懺悔をすることがわが国再建の第一歩であり、我が国団結の第一歩と信ずる。[78]

これが世にいう「一億総懺悔論」です。ただ、ここで東久邇宮が問題にしているのは、戦争責任ではなく敗戦責任だということに注意する必要があります。つまり、敗戦の責任は天皇にあるのではなく、軍官民、国民全体にあるのだから、「一億総懺悔」し、挙国一致して、敗戦の苦難を乗り越えて、日本の将来を切り開かなければならないという論理です。これは戦争責任を天皇ではなく高級軍人、重臣、官僚、日本国民に負わせるという点でフェラーズが行おうとしていたことと軌を一にしています。

この演説が、終戦直後の「皇国の臣民」の心にどう響いたか想像に難くありません。日本人の心のなかに敗戦の衝撃と罪悪感が結びついた「敗戦ギルト」が生まれたのです。つまり、日本は戦争中悪いことをした、そして日本国民（現在の韓国国民と北朝鮮人民も含む）はそれに加担したのだから、大抵のことは甘受しようという考えかたです。

トルーマンは約束を反故にした

見逃してはならないのは、この東久邇宮政権が「天皇の大御心」にしたがって国体を護持することを方針としていたということです。つまり、日本は無条件降伏ではなく、国体護持を条件として降伏したのであり、国家統治の大権は依然として天皇にあるので、その「大御心」にしたがって国民を導いていくということです。降伏の時の経緯からしてこれは当然のことです。[79]

ところがトルーマン大統領は45年9月6日に次のような背信的指令をマッカーサーに送りました。

国家を統治する天皇と日本政府の大権は、連合軍総司令部最高司令官としての貴下の下に置かれる。貴下はその権威を任務を遂行するためならばいかようにでも行使できる。われわれの日本との関係は、約束に基づくものではなく、無条件降伏に基づくものである。貴下の権威は至上であるから日本人の側からその範囲について質問を受ける必要はない。（中略）ポツダム宣言のなかに書かれた趣旨は効力を持つ。しかしながら、この文書の結果によっ

てわれわれが日本と双務的義務を負っているとみなすがゆえにそれが効力を持つのではない。それはポツダム宣言が日本と極東の平和と安定について誠実に述べられた我々の方針の一部をなしているがゆえに尊重され効力を持つのである。[80]

冒頭の一文は、日本側がバーンズ回答を承認しなかったことを意識しているのでしょう。ポツダム宣言にしても、それが条件提示であった以上、日米双方が守る義務があります。しかもその条件は、日本側ではなくアメリカ側が定めたものです。にもかかわらず、引用の前半でトルーマン大統領は、「われわれの日本との関係は、約束に基づくものではなく、無条件降伏に基づくものである」といっています。条件付だといって降伏させながら、降伏後には無条件降伏だと勝手に変えているのですから完全な背信行為です。

また、これは約束ではないのだから最高司令官はこれに縛られなくていい、そして、最高司令官の権限がどの範囲まで及ぶのかという日本人の質問は受ける必要はないとまでいっています。受ければ約束を破っていることが明らかになるからです。

いったいこの大統領は信義というものをどう考えているのでしょう。ポツダム宣言を受諾し、国体が護持され天皇の大権が侵されることがないと信じて占領を受け入れた高級軍人、重臣、官僚、天皇および日本人にとってこれは許しがたいことです。

しかし、それも後の祭りでした。すでに日本は武装解除され、占領されていて、なすすべがなくなっていました。東久邇宮内閣は10月5日に総辞職に追い込まれます。

占領軍は日本国民に戦争責任を負わせた

フェラーズは東久邇宮の「一億総懺悔」を十分に心理戦に利用しました。9月10日付の司令部宛メモで、彼の部局ＩＣＳ（Information Control Section、情報伝播局）の「心理戦の目標」として次のことを挙げています。

(1) 日本の敗北の事実を明らかにすること

(2) 日本人に戦争責任、残虐行為、戦争犯罪を知らしめること

(3) 日本人に彼らの軍国主義者が敗北と苦しみに責任があることに気付かせること

(4) (アメリカが) 奴隷化する意図がないことを強調すること

(5) 宗教的、政治的、階級的、人種的寛容性を促進すること

（6）占領軍は日本の戦争能力を破壊するために必要だが、占領目的が達成されれば撤退すること[81]

このメモには、引用した「心理戦の目標」の他に「軍事的目標」、「経済的目標」、「政治的目標」もあげられています。ということは、フェラーズの部局は心理戦だけでなく、軍事戦、経済戦、政治戦のための情報伝播を行っていたことになります。つまりＣＩＥの上位部局です。また、この部局はこれらの目標を次の方法で達成するとしています。

a．現存する報道機関、ラジオ施設、映画館、学校を存続させる
b．新聞とラジオに広範なプログラムを準備すること
c．日本セントラル（占領軍が作った配給網）に映画を供給する
d．自由主義的政府に学校のプログラムの概要を示すこと

ここで既にＣＩＥがどんな目標をどのような方法で達成するのか規定されています。ＷＧＩＰの第１、第２段階になっていくものの原型をここに見ることができます。

さらにこれに関わる事実として次の点を指摘します（傍線筆者）。

（前略）

4．日本のファシズムは、敗北を哲学的に受け入れるのを助けるだろう。彼らのエネルギー、産業、責任感、家と家族に対する愛着は安定化要因になるだろう。天皇に対する忠誠心は占領軍の政策を受け入れやすくするだろう。

フェラーズは、天皇に対する忠誠心が占領軍の政策を日本国民に受け入れやすくすると考えています。つまり、天皇をその地位に留め、利用すれば占領がやりやすくなるということです。フェラーズがマッカーサーに天皇を免責すべしと勧告したのがこの22日後の10月2日だということをもう1度思い出してください。

本国政府は天皇を戦争裁判にかける考えを捨てていなかった

ただし、正確を期すためにここでお断りしておきますが、この段階で天皇を免責すべきとしていたのは、あくまでもマッカーサーとフェラーズを中心とする占領軍上層部に限られていました。本国政府のトップは、終戦交渉の際に日本側が出した条件を明確に拒絶しなかったものの、すでに日本を占領して絶対的優位に立っていることもあり、また他の連合国の手前もあり、天皇を裁判にかけることもまだ選択肢に入れていたのです。

これは11月30日付で次のような通達が陸軍省、海軍省、国務省から統合参謀本部経由で占領軍に送られていたことからわかります（傍線筆者）。

> 周知のように裕仁を最終的に戦争犯罪者として裁くかどうかはアメリカにとって重要なことである。アメリカ政府の立場は、裕仁は戦争犯罪者としての逮捕や裁判や懲罰を免責されている訳でないということだ。彼なしでも占領がうまくいくようならば、彼を裁判にかけるという問題が浮上してくると考えられる。また、そうすること（裁判にかけること）が（占領）目的にかなうならば、一国ないしはそれ以上の同盟国がこの問題を持ちだすだろう。したがって十分な機密保持のもとに遅滞なく証拠集めをしなければならないことは明らかだ。この証拠集めは彼（天皇）が最終的に裁かれるかどうかにかかわらず必要だと考えられる。なぜなら彼を裁判にかけないという決定は、入手可能なあらゆる事実を踏まえてなされなければならないからだ。[82]

この文書の後半部分は、なぜフェラーズが天皇を免責すべしと勧告したあとも引き続き聞き取り調査を精力的に行っていたのかを説明します。これらの証拠や資料は、厳重な機密保持措置を取ったうえで本国の統合参謀本部に直接送られました。フェラーズおよびマッカーサーは、アメリカ政府関係者、連合国の他の国々を説得しなければならず、そのためには証拠をできるだけ早く、多く集めておく必要があったのです。

事実、翌年の1月22日にはオーストラリア政府がアメリカ政府に対し、天皇を含む61人の戦争犯罪者リストを送り、極東国際軍事裁判にかけるように要求してきます。これに対しアメリカ政府および占領軍は集めた証拠を示し、起訴を思いとどまるよう説得することになります。[83]

アメリカ政府は、戦略爆撃調査団（アメリカ軍による爆撃の効果を調査する）も送り込んで、戦争に指導的役割を果たした要人たちに聞き取り調査を行わせていました。こちらは、団長のフランクリン・ドリエが日本に到着した10月24日から活動を開始しています。[84]つまり、天皇以外の要人たちに関しては、フェラーズだけでなく、爆撃調査団やCIS（民間諜報局）やCIC（対敵諜報隊）も聞き取り調査を行なっていたのです。その調査結果は、彼らにとっては厳しいもので、彼らには極東国際軍事裁判で死刑を含む重い刑が言い渡されています。

認罪心理戦に利用された天皇免責

結果からいうとフェラーズは、天皇を戦争裁判から免責することをちらつかせながら、高級軍人や重臣たちに先の戦争について認罪を促していたといえます。彼らが戦争責任を認めれば、その下にいた人たちもそれを否定することは難しくなります。戦争裁判などとんでもないといっている彼らに裁判を受け入れさせる突破口が開けます。事実そうなりました。重臣および日本軍幹部は、天皇を救おうと進んで自らの戦争責任を認めました。フェラーズはもともと天皇を非難せず、腐敗した日本軍の上層部をプロパガンダの標的としてきたので、これは狙い通りの結果でした。

こうしてフェラーズは、占領初期の心理戦においてもっとも困難な目標だった、日本側の高級軍人や重臣や官僚を認罪に導くことに成功しました。これが同時期に彼の部下ダイクによって行われていた一般日本国民向けの「情報プログラム」（当時はＷＧＩＰという言葉はまだ使われていませんでした）と連動していたことはいうまでもありません。

そもそもCIEの設置目的の1つは、フェラーズのICSの心理戦の目的である「彼らの敗北と戦争責任について、現在および将来の日本の苦難と窮乏に対する軍国主義者の責任について、連合国の軍事占領の理由と目的について、あらゆる層の日本人にはっきりと理解させること」でした。[85] この目的を達成するために日本のすべてのマスメディアを総動員し、ホワイト・プロパガンダとブラック・プロパガンダを併用して、45年の10月以降日本国民向けに心理戦を実施していました。

フェラーズの調査活動は、一面では天皇免責工作でしたが、もう一面では天皇の周辺にいた重臣たちを標的にした認罪工作だったともいえます。この2つの活動は同じ目標を達成するための関連しあう政治・心理戦だったといえます。そしてその究極的な目的は、天皇を人質にとることによって日本人、とくにかつての高級軍人と重臣たちに極東国際軍事裁判を受け入れさせることだったのです。

第5章　ケネス・ダイクと神道指令

ダイクとは何者か

日本のマスメディア（新聞、ラジオ、映画、通信）を掌握してアメリカの占領政策の広報とプロパガンダを行うようにという指令は、45年9月9日に占領軍総司令部からICS（情報伝播局）に通達されました。[86] これを受けてあらゆるマスメディアを完全に支配下に置き、マインドセットの第1段階である「コミュニケーション手段の独占」を完成したあとで、第2段階である「回路形成」のための「情報プログラム」を実行したのは、CIE（民間情報教育局）の初代局長のケネス・ダイク准将でした。

では、ダイクはこの時期何をしていたのでしょうか。いくつかの証言から、彼がこの時期に最優先で取り組んでいたのは、神道指令だったことが分かっています。いったい神道指令と「回路形成」のための「情報プログラム」、とりわけ「太平洋戦争史」とそのラジオ版ともいうべき『真相はかうだ』とはどう関係しているのでしょうか。

ダイクについてはいまだウィキペディアにも詳しい記述がないほど知られていません。そこで、彼の部下で教育課長だったマーク・T・オアの『占領下日本の教育改革政策』での証言をもとに少し詳しく紹介しましょう。[87]

ダイクはニューヨーク生まれで、ピッツバーグ大学に1年在籍したあと第1次世界大戦のとき陸軍に入っています。除隊後は、NBCでラジオ・コマーシャルを担当していました。

政治に関していえば、当時のエリートの多くがそうしたように、彼もフランクリン・ルーズヴェルト大統領のニューディール政策を支持していました。43年に召集を受け、最初OWI（戦時情報局）に所属し、その後、アメリカ南西太平洋陸軍のI&E（情報教育部）に転属しています。この経歴は、陸軍アカデミー出身の職業軍人で、政治的には共和党を支持し、OSS（戦略情報局）勤務を経てアメリカ南西太平洋陸軍の心理戦局のトップになったフェラーズとは対照的です。しかし、日本兵の心理について研究し、その成果をマッカーサーの作戦にフィードバックすることを任務とする点では共通しており、事実、44年の心理戦局設立以来、彼らは提携していました。[88]

ダイク起用の裏側

戦争が終わり、占領が始まると、2人の道は大きく分かれました。フェラーズは前に見たようにICSの長になりながらも、天皇免責に精力を傾けていました。一方、ダイクはCIEのトップに就き、日本のあらゆるメディアを動員してこの部局の設置目的にさだめられた政治戦や心理戦を行っていました。

2人の経歴とスキルを考えれば、これは理にかなっています。つまり、職業軍人のフェラーズではなく、民間放送局でコマーシャルを担当したダイクの方が日本のマスメディアを動かしていくCIE局長に相応しいということです。[89]

ただし、ダイクのCIE局長への起用がこのような配慮に拠るものかどうかは、分かりません。というのも、フェラーズは45年8月28日に統合参謀本部の命でモスクワに遣わされ、占領が始まった当初日本にいなかったからです。そして、9月に日本に戻ってきたときにはすでに占領軍の組織作りがかなり進み、重要ポストの人事は終わっていました。[90] だからマッカーサーは、ハリー・S・トルーマン大統領が要請してきた天皇の戦争犯罪の調査という任務を彼に与えたとも考えられます。

ちなみに、ダイクにCIEの局長になるよう言い渡したのはリチャード・サザーランド中将でした。[91] ただし、この人選はマッカーサーの寵《ちょう》をフェラーズと争っていたGS（Government Section 民政局）局長のコートニー・ホイットニー准将の進言によるものだった可能性があります。つまり、ホイットニーがライヴァルをマッカーサーと占領軍の重要ポストから遠ざけたかったのでしょう。

仮にフェラーズがCIE局長になっていたとしても、ダイクと大枠においては同じことをしたでしょう。というのも、CIEは9月22日にこの部局の設置目標の1つを次のように定めていたからです。

敗戦の事実と戦争責任について、日本人の現在から未来に至る苦しみと窮乏の責任が軍国主義者たちにあることについて、また連合国の軍事占領の理由と目的について、あらゆる階層の日本人にはっきりと理解させること。[92]

日本国民にも罪の意識を持たせれば、認罪心理戦がやりやすくなると判断したのでしょう。ただし、直接的に戦争犯罪容疑者の裁判に関わる指令は、あとで見る12月21日の極東国際軍事裁判についての文書から判断して、12月になってから出たようです。

「太平洋戦争史」によるホワイト・プロパガンダ

ダイクらCIEの現場スタッフは、日本人に敗戦の事実を知らしめ、かつ日本は無条件降伏したと印象操作するため、45年12月8日、情報プログラムの第1弾として「太平洋戦争史」の掲載を日本の新聞各社に命じます。以下に8日から17日まで毎日掲載された朝日新聞の記事の各回の見出しをあげましょう。[93] ちなみに、この見出しは新聞によって微妙に違っていることを言い添えておきます。

第1回　真実なき軍国日本の崩潰　奪ふ「侵略」の基地
第2回　戦機の大転換　ゐない艦をも〝撃沈〟虚偽発表、ガ島に挫折第一歩
第3回　連合国軍の対日猛攻　新領域独立の空宣伝　東南隅からめくる〝日本絨毯〟
第4回　補給路を断つ　飛石作戦でひた押し　マリアナ奪取、握る制空海権
第5回　東條首相の没落　崩れ始めた軍独裁　無理押しの一人四役に破綻
第6回　レイテ・サマールの戦闘　レイテの損害十二万　比島ゲリラ隊「共栄圏」に反撃
第7回　完敗に終つた比島戦　マニラ、狂乱の殺戮　日本軍の損害四十二万

第8回　硫黄島と沖縄　鉾先、本土にせまる　強引作戦に〝自殺船〟も効なし
第9回　ソ連からも肘鉄　焦り抜く小磯内閣　〝四月危機〟に鈴木内閣も無力
第10回　東京湾上に調印　原子爆弾、驚異の偉力　絶望、遂に日本和を乞ふ

この連載記事では、アメリカ軍があらゆる局面で日本軍を完膚なきまでにたたきのめしたことが強調されていました。ポツダム宣言や初期基本指令にあるように「日本人に敗北を周知徹底」し、日本が無条件降伏に追い込まれたかのように印象操作したのです。ただし占領軍の関与を明らかにしていたので、これはホワイト・プロパガンダです。

「日本人には謙虚さが足りない」

なぜ、こうしたのかは、45年9月2日付『ニューヨーク・タイムズ』の記者のコメントを読むとわかります。

日本人は敗北の事実を受け入れたようには見えるが、その意味を認識しているかどうかは問題である。……どうも彼らには〝負けた〟という謙虚さが足らない。大部分の連中は、

〝ゲームは終ったんだ。終ったことは終ったことにしようじゃあないか〟とでもいっているように見える[94]

前述の新聞連載には「戦争責任」を日本人に認めるよう仕向けるような記述はあまりありません。つまり、連載を企画した段階ではＣＩＥの設置目的の１つである認罪は先延ばしして、敗北をしっかり知らしめ、無条件降伏に追い込まれたのだと印象操作することに主眼を置いていたといえます。この「情報プログラム」が不当なのは、ＧＨＱがポツダム宣言の第10条で約束した「言論の自由」を自ら破り、プレス・コード（新聞などに対する言論統制規則）によって日本のメディアから報道の自由を奪い、かつＣＣＤを使って検閲を行うなかで実施したことです。日本人の信頼を得ている新聞の編集者の「こめかみに銃を突き付けて」記事にすることを強制したことになります。

しかし、プレス・コードの第４条に「連合国進駐軍に関し破壊的に批評したり、又は軍に対し不信又は憤激を招くような記事は一切掲載してはならない」とあるので、彼らは占領軍に強制されたという事実を読者に伝えることができなかったのです。[95]

検閲と言論統制の「閉された言語空間」

また、彼らは、ポツダム宣言に反する検閲を新聞各紙および雑誌等に対して行っていることを日本国民に隠していました。プレス・コードの細目（「削除および発行禁止対象のカテゴリー30」）には「検閲制度に関する言及」がありました。つまり、検閲制度そのものについての言及を許さない、という検閲です。

言論と表現の自由がないだけでなく、カウンター・プロパガンダを打つことができないこの言語空間では、支配者（占領軍）が発する言説は、被支配者にとってすべてプロパガンダになってしまいます。まさしく江藤のいう「閉された言語空間」です。

この空間では、ソ連が日ソ中立条約に違反して一方的に満州侵攻し、南樺太と千島列島を奪ったこと、英米にポツダム宣言に署名することを拒否されたこと、対日戦争にも英米の同意を得ていなかったこと、満州にいたおよそ60万もの軍民を強制労働させるためにシベリアに連れ去ったこと、満州にいた民間人に対し虐殺、略奪、暴行、レイプなどの戦争犯罪を行ったことも、プレス・コード第4条によって封殺されてしまいました。これらの事実をこの時期に日本のマスメディアが伝えることができていたら日本人の北方領土問題に関する意識は相当変わっていたでしょう。

「太平洋戦争」を押し付ける

さらに大きな影響を日本人の歴史認識に与えたのは占領軍による「太平洋戦争史」の摺り込みです。彼らは早くも前述の新聞連載で「太平洋戦争」という名称を押し付けていました。そもそも「大東亜戦争」は日本政府が41年12月12日に閣議で決めた正式名称です。[96] これには37年からの「支那事変」つまり日中戦争（中国側の呼び方では抗日戦争）も含まれていました。

これに対して「太平洋戦争」はアメリカ側の名称です。第2次世界大戦にアメリカは41年12月11日になって参戦するのですが、ヨーロッパ戦線と太平洋戦線に分かれていたので後者を指して「太平洋戦争」と呼ぶことにしました。「大東亜戦争」と「太平洋戦争」は、開始年も戦争となった地域もまったく違います。とくに当時の中国に本格的海軍はなかったので、太平洋地域で日本軍と戦うことはできません。したがって日中戦争を太平洋戦争に含むことはできません。それなのに、アメリカはわざわざ自分たちの側の名称である「太平洋戦争」を使うよう強いたのです。

要するに日本人に先の戦争を自分たちの側からではなくアメリカの側から見るよう仕

向けるためです。そのようにすれば当然日本側は悪く、アメリカ側は正しいということになります。これは敗戦後の日本人の心に破壊的な影響をもたらしました。

一丁目一番地は神道指令

名称変更の効果を確かなものとすべく、CIEは神道指令を発令しました。「太平洋戦争史」の初回が掲載されて1週間後の45年12月15日に発令されたこの指令では、「大東亜戦争」や「八紘一宇」といった言葉が使用禁止にされています。ダイクをはじめとするアメリカ軍の幹部が、この神道指令を最優先事項にしていたことは次のCIE宗教課長W・バンス少佐と占領史研究者竹前栄治との間のやり取りからもわかります。

竹前　財閥解体指令、教育改革指令、追放指令などより、神道指令があんなに早く出たのは何か理由があったのですか。

バンス　この問題を早くかたづけなければいけないという気持ちがみんなに――ダイク氏にも、参謀長（ジョージ・マーシャル）にも、おそらくマッカーサー自身にも――ありました。

竹前　それほどの優先事項でしたか。

バンス　タイミング的にはそうでした。これをまず片付けてから、他の問題をやろうということで……[97]

ＣＩＥが神道指令を急いだのには理由があります。フェラーズは、「日本兵の心理」の中で、日本兵は、日本のアジア進出を、これらの地域を西欧の植民地支配のくびきから解き放ち、天皇の御稜威のもと1つにするための聖戦であり、この点で、物欲をみたすために勢力圏を広げ、権益を得ようとするための欧列強の侵略とは違うと信じていると述べています。[98]

また、日本兵の心理を支配している国家神道の考え方では、天皇は現人神であり、彼および彼と一体化した国家のために身を捧げて死ねば、神として靖国神社に祀られることになります。だから彼らは死を恐れず、捕虜になるより死を選ぶのです。

占領軍が靖国神社を問題視したのも、この国家神道との結びつきのためです。日本の軍国主義と超国家主義（アメリカ側の用語で日本という国家の枠組みを超えてアジアに膨張しようとすること）の根底には国家神道と結びついた靖国神社信仰があるというのが占領軍幹部の見方でした。これはアメリカ陸軍のプロパガンダ映画『汝の敵日本を知れ』（45年）

にもよく表れています。[99]

たしかに、アメリカにもアーリントン墓地があり、国のために身を捧げた兵士はここに葬られ、プレートにその名を刻まれる栄誉を与えられるのですが、あくまで人間としてです。アーリントン墓地と靖国神社の持つ宗教性は異なります。戦死に宗教的意味を与え、戦死者を神として祀ることはしません。ここをダイクらは問題視したのです。

神道指令の隠された意図

ダイクらは、CIEの設置目標にしたがって、日本人に戦争に敗北したこと、その戦争をしたことは誤りであること、そこで犯した犯罪は裁かれなければならないということを説かなければなりませんでした。しかし、国家神道的精神を強く保持し、「神州不滅」を信じ、先の大戦が「大東亜共栄圏」を築き「八紘一宇」を実現するための聖戦「大東亜戦争」だと信じ、そこで死んだ兵士はみな神になったと考えている日本人に対してこれをすることはきわめて難しいことだったのです。

戦争中、フェラーズとともに日本兵の士気をくじくために、神道的精神に疑念を抱かせ、現人神である天皇と兵士の神秘的結びつきを否定し、その世界観と戦争観を変えようとして苦労してきたダイクらは、それをよく知っていました。彼らにとって認罪心理戦に本格的に入る前に、一時的な敗北を認めつつも、いつか機会を捉えて再び聖戦に立ち上がることを夢見ている日本人の士気を徹底的にくじくことが必要だったのです。

加えて国家神道を禁じれば、天皇の宗教的権威が失われます。天皇を裁かず、そのままに置くとすれば、権威の淵源である国家神道を廃止する必要があります。つまり、天皇は残すが、形骸化させるということです。降伏交渉であれほど日本側が護持にこだわった国体を変えてしまおうというのです。それが神道指令の目的でした。

『真相はかうだ』は聴取者を激昂させた

「太平洋戦争史」の影響力は限定的でした。終戦から4カ月しかたっていないので、紙不足のため、新聞発行がままならず、発行できても、長蛇の列ができて、一般国民にはなかなか手に入らなかったからです。

CIEもこのことはよく承知していたので、ラジオを重視しました。日本放送協会は戦時中大本営発表を垂れ流しにしたのですが、これを解体せず、ラジオ・コードで縛りはしたものの、その独占を強化して、心理戦に徹底的に利用することにしました。

ＣＩＥは「太平洋戦争史」の第1回目を新聞に掲載させた翌日の12月9日に「情報プログラム」の第2弾を放ちます。「太平洋戦争史」のラジオ版『真相はかうだ』です。
それはこのように始まっています。

アナウンサー「われわれ日本国民は、われわれに対して犯された罪を知っている。それは、誰がやったんだ」
声「誰だ、誰だ、誰がやったんだ」
アナウンサー「まあ待ってくれ。この三十分のうちに、実名を挙げて事実を述べます。そこからあなた方のほうで結論を出し、日本の戦争犯罪についての判断を下してください。……」（音楽高まり、そして低くなる）
アナウンサー「真相はこうだ！……この番組は日本の国民に戦争の真実を伝え、その戦争がいかに指導されたかを知らせるものです……」

このラジオ番組が問題なのは、その内容もさることながら、ブラック・プロパガンダだったという点です。あたかも日本放送協会の日本人スタッフが制作しているようにミスリードしながら、実際はＣＩＥのハーバート・ウィンド中尉がシナリオを書いて日本人の俳優に演じさせたものでした。番組を聞いて激怒した聴取者の中には、抗議の手紙を日本放送協会宛に送ったり、「月夜の晩ばかりではないことを覚えておけ」とすごんだりする人もいました。[100]

ＣＩＥはこのブラック・プロパガンダによって、日本が戦争に敗北したこと、苦痛と敗北は侵略戦争がもたらしたのだということを日本人に浸透させることに、なみなみならぬ熱意を示しました。

番組名を変え、放送時間を変えて放送した

竹山昭子の「占領下の放送―『真相はこうだ』」を参考にすると、この番組は日曜日のゴールデンアワーの午後8時から8時30分、月曜日の午後0時半から1時、木曜日の午前11時から11時30分までの時間帯で週3回放送しました。[101] 週に3回、曜日と放送時間帯を変えて日本人の各層が聴取できるようにしたあたりはさすがＮＢＣで働いていたダイクならではの知恵です。

ＣＩＥは新聞によるキャンペーンはやめましたが、ラジオ番組の方は続編を作って強

化していきました。『真相はかうだ』に続いて『真相はかうだ　質問箱』を46年1月18日以降毎週金曜日の午後8時から8時30分まで、『真相箱』を46年2月17日からの毎週日曜日午後8時から8時30分まで放送し、46年6月28日からは毎週金曜日の午後8時30分から9時に移動させせました。46年12月11日からは『質問箱』をスタートさせ48年1月4日まで放送しました。

映画とニュース映画もWGIPに使われていた

これまで、WGIPの「情報プログラム」といえば、ここまでに触れた新聞連載とラジオ番組シリーズがクローズアップされてきました。そして、江藤淳も含め、研究者は映画やニュース映画に十分な関心を払ってきませんでした。[102] これは不思議なことだといわなければなりません。

再三言及している48年3月3日付文書には、映画とニュース映画もWGIPの一部だったと書かれているからです。NHKラジオの聴取者の数に較べれば映画の観客数はとるに足りないかもしれませんが、テレビがまだなかったので、映像メディアとして映画はきわめて強いインパクトを持っていました。したがって、CIEもかなりの予算を使って映画、ドキュメンタリー映画、ニュース映画を日本の映画会社に発注していたのです。

前述CIE文書に添付された資料によれば、以下の映画はCIEの第1段階の心理戦に使われたとしています。

『犯罪者は誰か』（45年、大映・田中重雄監督・CIE文書ではWho is a War Criminal＝戦争犯罪人は誰か、となっている）、『喜劇は終りぬ』（46年、松竹・大庭秀雄監督）、『大曾根家の朝』（46年、松竹・木下恵介監督）、『人生画帖』（46年、松竹・大庭秀雄監督）、『民衆の敵』（46年、東宝・今井正監督）。

これらの反軍国認罪映画を作った監督の顔触れの豪華さには驚きます。そのなかに木下恵介と今井正の名前を見つけたときは、一瞬わが目を疑ったほどです。

しかし、これらの映画のストーリーを調べてみると、それらがCIEの機能「現在および将来の日本の苦難と窮乏に対する軍国主義者の責任、連合国の軍事占領の理由と目的を周知徹底せしめること」という目標に合致していることがわかります。つまり、主人公やその周辺の人物は、エリートだったり、良心的な一般人だったりするのですが、戦時中軍国主義的軍人に振り回されたり、その抑圧に苦しんだりしていました。その状況は敗戦によって終わるのですが、彼らはなおも、戦後のさまざまな苦難と戦っていかなければなりませんでした。これらの映画には、軍国主義者と一般国民を互いに対立するものと位置づけ、敗戦による苦難は前者のもたらしたものだが、後者もそれに責任を感じているというパターンが見られます。今日の私たちからすれば、すっかり馴らされてしまったおなじみのパターンですが、わずか半年前には、軍国映画しかなかったのですから、これは180度の転換だったといっていいでしょう。

このような名監督がこぞってCIEの心理戦に協力したということはショックですが、考えてみれば、新聞業、通信業、出版業、日本放送協会が丸ごとCIEの統制下に入ったのですから、映画産業もそうだったというように過ぎないのでしょう。

恐ろしいのは、今日の私たちが見ても、これらが今の映画とあまり変わらないと感じることです。それほど、この手のプロパガンダ映画のイデオロギーは、現在では普通のものになってしまいました。映画人もこのようなイデオロギーを持っていることが自らの志の高さを示すと思い込んでいます。反軍国・反戦はもちろん結構ですが、占領軍のプロパガンダを引きずっていることに本人たちが気付いていないことが問題なのです。

WGIPニュース映画の絶大な効果

数として映画より多かったのはニュース映画です。日本映画社と理研がこれらを制作していました。当時の映画は今日とは違って２本立てとか３本立てでしたので、映画の合間にニュース映画を流していました。

映像によるニュースなので１週間ほどで入れ替えられています。前述文書によれば、これらの推定観客者数は、日本映画社の第１弾が１８０万人、理研の第１弾（「国民を戦争に駆り立てたのは誰だ」）は１００万人だったそうです。これらのうち日本映画社制作のものは、現在ＮＨＫの「戦争証言アーカイブス」のサイトで見ることができます。[103]

そのなかには以下のものがありました。

45年11月30日　新たに指名された戦争犯罪人
46年３月28日　裁かれる〝侵略戦争〟Ａ級戦犯裁判迫る
46年５月９日　Ａ級戦犯人〝文明〟の法廷へ
46年５月23日　東京裁判再開
46年６月13日　キーナン検事　峻烈に陳述―東京裁判

46年6月27日　東京裁判

これらのニュース映画を見て気付くことは、最初は比較的客観的に報じていたのに45年が終わると、プロパガンダ的色彩が濃くなり、戦争犯罪容疑者を一方的、侮蔑的に扱うようになるということです。

たとえば、「A級戦犯人〝文明〟の法廷へ」のナレーションはこのようになっています。

無謀な侵略戦争をあえて計画的に行い、日本ばかりでなく東亜10億の民族を悲惨な状態に陥れた戦争犯罪容疑者、東条〔英機〕元大将以下28名に対する極東国際軍事裁判が始まりました。

この法廷こそ彼らがかつて残忍な戦争のプランを練った元大本営の一室です。かつて轟然と天下に号令した彼らも、今は惨めな被告として世界の注視を浴びつつ席に着きました。

有罪が確定するまでは無罪であるというのが常識ですが、このナレーションでは一方的に「無謀な侵略戦争をあえて計画的に行い、日本ばかりでなく東亜10億の民族を悲惨な状態に陥れた」と断定しています。「残忍な戦争のプラン」とか「惨めな被告」とか、なくてもいい形容詞もついています。あまりにも一方的で気持ちが悪くなります。

他のニュース映画も、この当時の日本政府の無力さをバカにし、社会党や共産党や労働組合を礼賛しています。新聞も同じような論調なので、当時の人々は余り驚かなかったのでしょう。ただし、これらのニュース映画も新聞やラジオなどと同じように占領軍の検閲や言論統制を受けていたことは知りませんでした。いかにも日本の映画会社が自発的につくったものであるかのように流したのです。この意味で映画とニュース映画もまたブラック・プロパガンダでした。

占領軍はまだ戦いのさなかにいた

「５大改革」、すなわち政治戦もそうでしたが、これら心理戦の情報プログラムの方も、きわめて矢継ぎ早でした。その理由をダイクは46年３月30日の極東委員会第４回目の会議でこのように語っています（傍線筆者）。

指令を出すスピードというのは戦いでのスピードに喩えてもいいでしょう。実際、私たちはまだ戦いのさなかなのです。私がいう意味は、私たちはまだ戦いに従事していて、それは平和的工作（peaceful operation）ではないということです。つまり、戦いでは相手のバランスを崩そうとします。そして右のいいジャブを打ったら、相手が立ち直る前に左のジャブを打たねばなりません。私たちは、教育のために与えられる1つの指令を日本人が完全に咀嚼するまで次の指令を出すのを待つつもりはありません。[104]

つまり、アメリカの占領目的を達成するためには、日本人が敗戦のショックから立ち直り、我に返る前に、政治戦と心理戦を次々と仕掛けて成果をあげておかなければならないということです。占領軍にとって、占領とは戦争の終わりではなく、政治戦と心理戦の新たな段階だということをダイクの言葉はよく示しています。

ＷＧＩＰに罪悪感を持った人たち

その一方、ＷＧＩＰを実施していたＣＩＥ局員のなかに、このような「情報プログラム」に疑問を感じる人もいました。『マッカーサーの日本』によれば、『真相はかうだ』

などの脚本を書いたウィンドは次のように46年1月25日の日記に書いています。

（前略）私はこの番組（『真相はこうだ』）に、どういう意味があったのかということを、ここで考えてみたい。ある人は〝ベリー・グッド〟だといったし、日本人の通訳や演技者たちも、意味がよくわかるといってくれた。ＮＨＫに、たくさんの手紙が来た、私はその一部を読んだ。（中略）私の耳にはこのシリーズに関しての非難の声が、くっついて消えない。ある章については、憤激の抗議を呼んだ。また多くの聴取者は、さらに多くの他の事柄に関して知りたい、といって来た。（中略）

『ニッポン・タイムス』の編集者たちも批判的だった。私の親友も〝バッド〟だといった。〝なぜなら、君が今していることは、敗者の顔をさらに手でなするようなことだからだ〟と。

……ある人は脅迫状を送りつけて来た（後略）[105]

ウィンドは「もっと知りたい」といってくる日本人がいたとしていますが、やはり「私の耳にはこのシリーズに関しての非難の声が、くっついて消えない」というのが本心でしょう。また、『ジャパン・タイムズ』の記者を務める彼の親友も〝バッド〟だといっていたことを認めています。ＷＧＩＰを実施していた当事者がそのことに罪悪感、つまり、ギルトを感じていたということはなんとも皮肉です。彼のもとで共犯になったＮＨＫ職員はまた別な意味で、このシリーズに違和感を持ったようです。46年の『放送』（日本放送協会発行）の３・４月合併号に次のような記述があります。

野蛮な軍国主義や、極端な国家主義を、この国土から追放しなければならぬことは勿論であるが、惨《いた》ましい敗戦を誇らかに喜ぶのは国民の感情ではない。にもかかわらずこの劇的解説の主役のエキスプレッションは、動《やや》もするとそのような傾向を帯びているかに解せられた。「真相は知りたいが、あの放送を聞くと何か悪寒を覚える。この解説者ははたしてわれわれと手をつないで日本の再建のために立ち上がる同胞であろうか」とはわれわれの周囲の大多数の見解であった。[106]

ＣＩＥの支配下にあったとはいえ、日本人であるＮＨＫ職員が「真相は知りたいが、あの放送を聞くと何か悪寒を覚える」と正常な感情を持っていたことに、ある意味安堵します。

太平洋戦争史観を広めた東京大学教授

私が憤慨に耐えないのは、日本のマスメディアのなかにこの「太平洋戦争史観」を広めようとする人間がでてきたことです。当時共同通信の渉外係をしていた中屋健弌は『太平洋戦争史』を翻訳して書籍にし、その歴史観を広めようとしました。渉外とは外部との連絡をとる業務ですが、彼は検閲などで占領軍と頻繁に接触していたのです。

彼は、書籍版の『太平洋戦争史』の「訳者のことば」で次のように述べています。

（前略）この無意味なりし戦争が何故に起つたか、そして又日本軍閥がわれわれの自由を如何に横暴に奪ひ去り、善意なる国民を欺瞞して来たか、について明確にすることは、その渦中にまきこまれてゐた日本人の立場を以てしては今のところ極めて困難である。この連合軍総司令部の論述した太平洋戦争史は、日本国民と日本軍閥の間に立つて冷静な立場から第三者としてこの問題に明快な解決を与へてゐる。終戦後極めて短時日の間に起草され又われわれとしては更に詳細なる論述を希望するものであるが、一読してわれわれが知らんとして知り得なかつた諸事実が次々に白日の下に曝され、その公正なる資料と共に戦後われわれが

眼にふれたこの種文献中の最高峰たる地位を占めるものであることは疑ひない。[107]

『太平洋戦争史』がCIEによって書かれたものであることを明らかにしている点と、「軍閥」と「日本国民」とを区別している点は中屋を評価できます。しかし、GHQが「日本国民と日本軍閥の間に立つて冷静な立場から第三者としてこの問題に明快な解決を与へてゐる」という彼の理解には驚くしかありません。

戦争において日本国民の敵は日本の軍閥ではなくアメリカ軍でした。アメリカ軍は日本軍と戦った当事者であり、いかなる意味でも第三者ではあり得ません。

中屋が述べていることは、要するに先の戦争を敵方のアメリカ側から見るということです。どんな論理で、それが第三者の立場から冷静に見ているということになるのでしょうか。とはいえ、中屋に限らず、日本のマスメディアは占領軍に対して弱い立場に立たされていました。占領軍は言論統制や検閲だけでなく、企業の解体もできたからです。恐ろしいことに、書籍版『太平洋戦争史』は、10万部を超えるヒットとなりました。その内情を江藤が暴露しています。それによれば、CIEは「大東亜戦争」や「八紘一宇」などの言葉を使うことを禁じ、それまで正規の科目になっていた修身を廃止するとともに、新しい歴史教科書を作成させ、その歴史教科書の参考書として『太平洋戦争史』を使うよう文部省に命じたということです。[108]

驚倒するのは、前述のように、中屋がこののち東京大学の歴史学（アメリカ史）の教授になったことです。しかも、歴史教科書や著書を多く書いています。あろうことか、これは戦後の現代史の標準的な教養書として広まってしまっています。「太平洋戦争史観」を広める中屋のような日本人が出てきたため、この自虐的歴史観は、いかにも戦争責任を重く受け止めた良心的日本人が自発的に抱いたものであるかのように理解されました。この点で『太平洋戦争史』は、ブラック・プロパガンダであったといえます。

南京事件はWGIPのために持ちだされた

『真相はかうだ』と5本の反軍国主義映画のなかで、とくに認罪プロパガンダが目立つものは、45年12月21日に「極東国際軍事裁判のための情報プログラム」の目標が決定されたのちに制作されています。

(1) アメリカは戦争犯罪者を罰することができるだけの道徳的根拠を持っていることを示

すこと。
（２）戦争犯罪容疑者に措置が取られるのは人類のためであることを示すこと。
（３）戦争犯罪者を罰することが日本と将来の世界の安全を築くために必要であることを示すこと。
（４）戦争犯罪者は日本国民の窮状に責任を負っていること、しかし、国民自身も軍国主義体制を許容した共同責任を負っていることを示すこと。[109]

これらの目標を手っ取り早く達成する方法は、日本軍による残虐事件をとりあげることです。そこで『真相はかうだ』は、ひとわたり日本軍の軍事作戦の大失敗の例を示したあとで、「戦争中のマニラ」と「南京の暴行」と題して日本軍による残虐行為をレポートしました。前者は45年のマニラ市街戦で日本軍とアメリカ軍の戦闘の巻き添えでフィリピン人におよそ10万人の犠牲者がでたケースです。大都市マニラで籠城作戦をとった日本軍も悪いのですが、多くの犠牲者がでるのを承知で攻撃したアメリカ軍にも相応の責任があるはずです。しかし、そこは見事に無視しています。

「南京の暴行」の方は、そもそも日米戦争以前の37年のことであり、アメリカ軍の作戦地域で起こったことではないので、『太平洋戦争史』のラジオ版であるこの番組に取り上げられること自体おかしいのですが、認罪プロパガンダの素材としてインパクトがあるので利用したのです。それに、もちろん、この事件の責任者とされた松井石根陸軍大将を有罪に導く下地を作らなければなりませんでした。

いずれにせよ、これらのプログラムは「日本軍は戦争中に何か大変な罪を犯したらしい」という印象を植えつけました。それは、やがて「日本軍だったらそのぐらいのことはしたかもしれない」という受け止めかたに変わっていくのです。まさしく朝日新聞の「慰安婦」報道を真に受けてしまったときの心理です。

ダイクは広告マンとして出世した

ダイクは、占領が始まって10カ月後の46年6月25日にその地位を去り、帰国していま す。[110] これはＣＩＥが一旦廃止されて再編成されたことによるものです。[111] ＣＩＥ文書もＷＧＩＰの第１段階（この段階では単に「情報プログラム」という名称でした）は、45年10月から46年の6月までとされています。[112] つまり、彼は初期の心理戦の目標を達成したあと、このＣＩＥの再編によって日本を去ったことになります。彼の上司だったフェラーズも、その1カ月後に自らの希望で退役し、帰国します。その後、ダイクはUSゴムの広告マネージャー、コルゲート社（歯磨き粉メーカーで知られる）の広告担当重役を経てNBCの販売促進・調査担当重役に出世しました。

80年、ダイクは82歳でこの世を去りました。『ニューヨーク・タイムズ』の死亡広告は次のようなものでした。

「ダイク准将は、日本の国教である神道並びに歴史教科書の執筆方法から、日本の新聞・ラジオ放送局の在り方にいたるまであらゆることに挑戦した」[113]

WGIPを指揮したフェラーズもダイクも、コミンテルンや共産主義者の陰謀に加担しそうにない人間でした。「WGIP延安起源説」がいかに空想的かよくわかります。

第6章　ドナルド・ニュージェントと国体思想の破壊

教育者がCIEのトップに

ダイクとフェラーズが相次いで日本を去ったあと、彼らからバトンを受け、マインドセットの第3段階の「制度化」に歩を進め、WGIPの第2・3段階を実施したのは、それまでCIEの教育課長をしていたドナルド・ニュージェント中佐でした。

ちなみにこの心理戦の第2段階は、48年2月までで、第3段階はそれ以降極東国際軍事裁判でA級戦争犯罪者に対して判決が下されるまでの期間となっています。

この交替はきわめて意味深いといえます。ニュージェントは、カリフォルニア州アロイオ・グランディ地区教育長、メンロー大学歴史学講師の経歴を持ち、和歌山商業や大阪商業大学でも教鞭をとっていたことがあります。[114] 軍人というよりは教育者といっていいでしょう。つまりCIEは、職業軍人、広告マンのあと、教育者に引き継がれたのです。偶然でしょうが、これはマインドセットの第3段階「制度化」に相応しい人選だったといえます。

もともと日本の教育の改造は、神道指令と並ぶ最優先課題でした。フェラーズが天皇免責と引き換えに重臣の認罪を引出し、ダイクが『真相はかうだ』で日本国民に敗戦の事実を周知徹底し、神道指令によって先の戦争を正当化する拠り所を奪ったあと、ニュージェントが「5大改革」の1つ「教育の自由主義化」に取り組んだのです。

前にも述べたように、改造の目的は、「2度とアメリカに立ち向かうことがないように」「戦争能力を奪う」ことにありました。そして、このためにこの教育課にはアメリカの名門大学で教育について学んだエキスパートが送り込まれ、戦前の日本の教育についての研究や調査などが行われていました。

では、そもそも占領が始まってから、どのような「教育の自由主義化」が行われていたのでしょうか。それはニュージェントがトップになった時期に行われたWGIPとどう関係していくのでしょうか。

玉音放送は教育における国体護持を命じていた

天皇は前に引用した終戦の詔書のなかでこうも述べていました。

宜シク挙国一家子孫相伝ヘ確ク神州ノ不滅ヲ信シ（じ）任重クシテ道遠キヲ念《おも》ヒ総力ヲ将来ノ建設ニ傾ケ道義ヲ篤クシ志操ヲ鞏《かた》クシ誓テ国体ノ精華ヲ発揚シ世界ノ進運ニ後レサ（ざ）ラムコトヲ期スヘ（べ）シ（後略）。[115]

口語にして要約すれば、このようになるでしょうか。

「日本国民はみな神州不滅を信じ、総力をあげて将来の国家建設に努力し、国としての立派な姿（国体の精華）を示し、世界の進歩に遅れないようにしなければならない」

東久邇宮内閣は、これを受けて教育機関にも国体護持に務めるよう命じました。これにしたがって、CIE教育課長だったマーク・オア中佐の『占領下日本の教育改革政策』によれば、日本の文部省は、占領軍が教育の改造に乗り出す前の45年9月16日に、先手を打って次のような改革案を提案していました。

1．終戦の詔書に従う

2．軍国主義的思想や方策はすべて一掃して、平和国家を建設する

3．国体を護持する
4．あらゆる軍事教練の廃止
5．軍国主義や超国家主義的教材を排除するためにすべての教科書を改訂する
6．教員を再教育する
（中略）
11．宗教的情緒の高揚により、新しい道徳的日本を建設する[116]

これを読むと、文部省が終戦の詔書にしたがって、国体を死守しようとしていたことがわかります。1、3、11は国体護持に関わっているので屋上屋を架すことになりますが、それを承知で並べています。文部省はこれに先立って8月14日以降数日間のうちに、次のような教材の使用の禁止を教育現場に命じていました。

1．国防や軍事力を強調する教材
2．闘争心を助長する教材
3．国際親善に有害と思われる教材

4．戦後の状況や日常生活にそぐわない教材

どうも文部官僚は、こういったことで日本の教育を民主化しようと考えたようです。しかし、あとで詳しく述べますが、占領軍はこの程度のことでは到底許してくれませんでした。

「國體の本義」とは何か

少なくとも日本の教育の改造を担当したCIEの将校は、戦前の教育について相当研究していて、文部官僚の想像をはるかに超える知識を蓄えていました。とくに、オアの下で教科書改造を担当していたH・J・ワンダーリック中佐は、戦前の日本の教育における「國體の本義」の重要性に着目し、彼が戦後に書いた『占領下日本の教科書改革』でも全10章のうちの5章をその論考に充てています。

「國體の本義」とは37年に文部省が編纂して教育機関に配布した声明で、教育勅語とともに戦前の日本の学校の教育指針となっていたものです。その冒頭は次のように始まっていました。

117

「大日本帝國は、萬世一系の天皇皇祖の神勅を奉じて永遠にこれを統治し給う。これ、我が萬古不易の國體である。而してこの大義に基づき、一大家族國家として億兆一心聖旨を奉體して、克く忠孝の美徳を撥揮する。これ、我が國體の精華とするところである。この國體は、我が國永遠不變の大本であり、國史を貫いて炳として輝いている」[118]

口語訳すれば、次のようになるでしょうか。

「大日本帝国は、万世一系の皇祖と天皇が神の命によって永遠に治めてきた。この国家は天皇を親とする家族のようなものなので、国民はみな心を1つにして天皇・国家に忠孝を尽くす。これこそこの国の在り方の素晴らしいところだ。このような素晴らしい国のありかたは歴史を通じて燦然とかがやいている」

「國體の本義」の何を問題としたのか

問題はこの冒頭も含めた「國體の本義」全体をワンダーリックなど教育課の将校がどう解釈したかです。それを示すのが前述書の次の部分です。

「日本の超国家主義の基本概念（『國體の本義』）は、『古事記』や『日本書紀』に詳述されている天皇の神格、神勅によって選ばれた民族といった神話に基づいている。（中略）日本の家族と国家は一心同体であるとされ、したがって忠誠心も孝行の精神も家族同様、大家族である国家に対して持つべきであるとされた。（中略）国民の優位性は、忠誠、孝行、自己抑制、自己犠牲（没我無私）、勤勉、武勇の精神のなかにあるとされ、それらの精神は、神話、『古事記』や『日本書紀』などの歴史、儒教、仏教、神道などの宗教、封建時代の武士道から引用された。大日本帝国の使命である『八紘一宇』の世界の創造のためには、従順、忠誠、無私無欲、協調的、勤勉な軍人を育てることが何よりも重要であるとされた」[119]

つまり、彼によれば、この指針は、天皇が神の命を受けて天の下を治めていて、その赤子たる日本国民も、神に選ばれた民であると選民思想を植え付けたうえで、選民であるがゆえにわが身を捨ててでも大家族である国家に奉仕しなければならないと教えているというのです。彼は、国家に身を捧げるとは、大日本帝国の使命である「八紘一宇」の世界を創造するため戦争に赴くということなので、この指針は全体主義、軍国主義、超国家主義に結びついていると考えました（あくまでも彼の解釈）。そこで、彼およびCIE教育課は、このような「國體の本義」的要素を日本の教育から排除することに取り掛かります。それが「教育の自由主義化」だと思ったからです。

教育における国体の改変

注意すべきは、この教育改造の動きは前CIE局長ダイクなどが重視した神道指令と連動していたことです。実際、神道指令には次の項目が含まれていました。

（前略）
（1）全面的ニ或ハ部分的ニ公ノ財源ニ依ツテ維持セラレ居ル凡テノ教育機関ニ於テ現ニ使用セラレ居ル凡テノ教師用参考書並ニ教科書ハ之ヲ検閲シソノ中ヨリ凡テノ神道教義ヲ削除スルコト
今後カカル教育機関ニ於テ使用スル為ニ出版セラルベキ如何ナル教師用参考書、如何ナル教科書ニモ神道教義ヲ含マシメザルコト
（中略）

（リ）「國體の本義」、「臣民の道」乃至同種類ノ官発行ノ書籍論評、評釈乃至神道ニ関スル訓令等ノ頒布ハ之ヲ禁止スル

（後略）（文科省ＨＰから）[120]

要するに検閲によって教科書から神道と国体思想に関するものを排除することで、教育の場からこれらのものを排除したのです。

これを踏まえて46年２月４日からは、教科書を検閲したのち、次のように解釈できる要素を含む記述は教科書から削除されることになりました。

軍国主義に関するものとして

１．国民の英雄的および一般的活動として戦争を賛美すること
２．天皇や祖国のための戦死を名誉とすること
３．人間の最高の名誉として、軍事的偉業や戦争的英雄を美化すること

超国家主義に関するものとして

１．大東亜共栄圏主義の下での領土拡張

2. 日本は世界に冠たる国である、とする日本中心的な八紘一宇的な考え
3. 天皇を防御し、国家発展のために、桜の花びらが散るかのごとく人間の生命を犠牲にする大和魂

天皇に関するものとして

1. 天皇は神の起源であるとの崇拝
2. 天皇のために死ぬことを義務とする考え
3. 天皇の勅令に対しての従属的な考え[121]

この検閲基準によって、天皇が神勅をもって天の下を治め、国民は彼を親と慕い、彼のために身を捧げるという、国の在り方、つまり国体は根本から否定されました。

こうして、2発の原爆投下とソ連の参戦のあともなお天皇と戦争指導者がこだわった国体護持と天皇の国家統治の大権の保証は、神道指令を受けてCIEが「教育の自由主義化」を進める過程で、なし崩し的に反故にされていきました。

ところで、占領軍が教育の場において、こうした改造を行ったことについて、現代の読者は「当然だろう。結構な話だ」と思われるかもしれません。私も敗戦を契機として、

何らかの形で、戦前の天皇と国体に関する考えを変えなければならなかったと思います。しかしながら、軍事占領した他国の軍隊が力で強制することは、正しいことでしょうか。

ここでの問題点は、日本人の自発的意思に任せず、強制したということです。日本人の自決権と尊厳を犯しているということです。敗戦国であっても、政体選択の自由（他に領土）を奪ってはならないとは、41年にチャーチルとルーズヴェルトが大西洋憲章で決め、ポツダム宣言にも踏襲された考え方です。それ以前に、思想、信教の自由は基本的人権ですから、これとは関係なく守られなければなりません。1899年に結ばれ、日本が批准しているハーグ陸戦条約にすら、次のような条項がありました。

第43条　国の権力が事実上占領者の手に移った上は、占領者は絶対的な支障がない限り、占領地の現行法律を尊重して、公共の秩序及び生活を回復し、確保するため、可能なかぎりの手段を尽くさなければならない。

第46条　家の名誉及び権利、個人の生命、私有財産ならびに宗教の信仰およびその遵行を尊重しなければならない。

つまり、戦争に勝利したからといって、敗戦国の国民の意思に反し、彼らの尊厳を傷つけて、なんでも自分の都合のいいように「思想改造」することはできないのです。日本は戦争に負けましたが、それはなんでもいいなりにならなければならないということではありません。また、戦争に負けたということも、単に戦争に負けたということであって、政体選択ができないほどレヴェルの低い国だということを意味しません。いかに政治的レヴェルの高い国でも、軍事力が劣っていれば、戦争で負けるのです。

先の戦争の前後に日本が多くの過ちを犯したことを私は否定しません。過ちは真摯に受け止めなくてはなりません。また、過ちを正すために、教育の場において多くのことが改められなければならなかったということにも同意します。

しかし占領軍が力によってそれらを命令しなければならなかったとは思いません。日本人自身の手で、日本のための、日本版の「教育の自由主義化」ができたと思います。実際、終戦後に文部省はそのような動きを起こしていたのです。たとえそれが不十分だとしても、そのあと日本人がまた「改革」を続ければいいだけの話です。

また、たとえば「天皇は神の起源であるとの崇拝」は当時の日本独自の価値観かもしれませんが、一方で「国家元首のために死ぬことを厭わないこと」、あるいは「戦死を名誉とすること」は、特殊なものでしょうか。欧米の映画やテレビ番組を見れば、欧米人も戦争の前後の時期には「国家元首のために死ぬことを厭わないこと」、「名誉の戦死」という考えを普通に持っていたことがわかります。むしろ戦後の日本人のように戦死を犬死と同然のように語るほうが世界的に見れば特殊です。

いずれにせよ、戦勝国が勝手に、強制的に、教育の場において、敗戦国の政体や宗教観や価値観を変えにかかるというのは明らかに国際法違反です。

にもかかわらず、このように神道指令と「教育の自由主義化」によって地ならしがされたあとで、いよいよ天皇を「日本国と日本国民統合の象徴」とする憲法作りが進んでいきます。そして、47年5月3日の憲法施行をもって、天皇は象徴となり、降伏の条件としてあれほどこだわった国家統治の大権を失います。これはアメリカによる日本の政体選択および信教の自由の侵害で、重大なポツダム宣言違反、終戦時の了解違反、国際法違反になります。

ダイクのあとを受けてニュージェントが取り組んだのは、前任者が神道指令で始めたことを、日本の教育機関に徹底させることだったのです。この方針はこのあとの教科書作りではさらに強化されました。

教育による国体改変とＷＧＩＰの関連

さて、この「教育の自由主義化」による国体改変はＷＧＩＰとどう関わっていたのでしょうか。この心理戦プログラムの第３段階では、次の目標が掲げられていました。

（１）広島と長崎の爆撃は残虐行為である、そしてアメリカは償いの精神で広島復興に取り掛かるべきであると考えていることを示す人々の態度に対抗処置をとること。

（２）東條の役割と日本の侵略的国家方針を正当化したいという考えの背後にある誤った考えを正確に紹介すること。

（３）占領が終わったあと、占領のあいだになされた民主主義の前進を台無しにしてしまうような超国家的思想が台頭してくるのを予防すること。[122]

オアやワンダーリックが取り組んでいた国体思想排除は、前に見た政治目標のどれを達成するためのものだったのでしょうか。もちろん（２）も該当しますが、とくにぴったりなのはいうまでもなく（３）です。というのもこの項目だけは、「占領が終わったあと」とあるように、将来のことを意識しているからです。

教育とは神聖なもので、プロパガンダなどとは別のものだと考える人もいるでしょう。しかし、ワンダーリックは、前述書のなかで戦前の日本の教育機関は強力なプロパガンダ機関だったという認識を示しています。だから、同じ教育機関を使って日本の将来を担う学童たちにカウンター・プロパガンダを行ったということでしょう。

ＷＧＩＰ第２段階

ニュージェント率いるＣＩＥは、このような教育による国体改変と同時並行で第２段階のＷＧＩＰも実行していました。実際に広島と長崎に関連する（１）の目標を達成するため、日本のメディアはすでにＷＧＩＰの第１段階でマニラ市街戦と南京事件を強調するコンテンツを流すように命じられていました。
この時期、ＮＨＫラジオ番組では、『真相箱』とその続編『質問箱』が放送されていましたが、このなかでこれらのテーマがとりあげられていました。これらの番組を書籍化したものにもこの２つの虐殺事件は取り上げられています。[123]
46年6月からは、日曜日を除く毎日午後8時から20分間の「東京裁判」が放送され、土曜日には「東京裁判要旨」が放送されています。ラジオ欄には番組名として出てこないのですが、オンライン・データベースで調べたところ、46年6月21日の記事にこれらの番組放送時間変更についての言及があるのを確認しました。もちろん、新聞の一般記事にも極東国際軍事裁判の記事を多く見つけることができます。

その他の出版物としては、朝日新聞に『文明の要求』というタイトルで極東国際軍事裁判最終論告の全文を出版させ、唯人社には『裁かれる日本』という東京裁判についての本を出版させました。これらは（2）と（3）の目標を達成するための「情報プログラム」だったといえます。

黒澤明までＷＧＩＰ映画を作っていた

映画では、以下のものがＷＧＩＰの一環として上映されました。

『命ある限り』（46年、東宝・楠田清監督）、『鸚鵡《おうむ》は何を覗いたか』（46年、松竹・大曾根辰夫監督）、『わが青春に悔なし』（46年、東宝・黒澤明監督）、『戦争と平和』（47年、東宝・山本薩夫監督）。

黒澤明と山本薩夫の名前があるのにはやはり驚きます。そして、たしかにこれらの映画のストーリーは、直接的にではないにしろ、やはり「戦争犯罪者は日本国民の現在の窮状に対して大きな責任を負っていること、しかし、国民自身も軍国主義体制を許容し、能動的に支持した共同責任を負っていることを示すこと」という極東国際軍事裁判のための情報プログラムの目標、およびCIEの設置目標と合致する部分があるといえます。

他に日本映画社、新世界映画社、理研映画が合計で134本もの戦犯裁判についてのニュース映画を制作し、映画の合間に上映されました。

このうち日本映画社のものは、46年8月1日公開の「中国から初の証人―東京裁判」から48年4月27日公開の「全審理終わる―東京裁判―」まで毎週映画館で流されていました。47年2月25日から47年6月24日までの放送分は個別のタイトルではなく「今週の東京裁判」というタイトルになっています。ラジオ番組の『真相はかうだ』や『真相箱』のようにシリーズ化されたことがわかります。

映画の観客は、毎週1回、旧日本軍の高級軍人や重臣を口ぎたなくののしるニュース映画を見ました。テレビがまだない当時、映画は娯楽の中心的な存在でしたから、新聞の読者に匹敵する数の日本人が見たと考えられます。反軍国・旧体制プロパガンダ映画の合間に見るのですから相乗効果を発揮しました。

ソ連がなぜ被害国とされたのか

この中で注目すべきは「ソ連に対する戦争犯罪」を扱ったものです。ソ連は日ソ中立条約に反し、米英の合意を得ずに満州侵攻したのですから、疑いの余地なく「戦争加害国」なのですが、極東国際軍事裁判では「戦争被害国」とされています。これはまったく不当ですが、次のニュース映画を見るとどういう屁理屈でそうなるのかが一応わかります。

46年10月8日　侵略戦争へ国際的陰謀（東京裁判）
46年10月22日　昭和十七年に対ソ戦争の計画（東京裁判）

極東国際軍事裁判において連合国側は「人道に対する罪」、「平和に対する罪（侵略）」、「通例の戦争犯罪」でA級戦犯たちを裁こうとしました。前の2つは、この裁判以前には存在しなかった罪です。しかも、それらの罪の認定において、現在ですら日本にはない「共同謀議罪」を適用しました。

ソ連の主張は、日本は42年にソ連に対する「侵略戦争の国際的陰謀」を企んだので、これは「平和に対する罪」の共同謀議にあたり、ソ連はその被害国だというのです。47年11月4日の「ソ連検事満州問題を追求―東京裁判―」ではノモンハン事件も侵略戦争だったと断罪しています。

それをいうなら、南樺太、千島列島、満州での権益と引き換えに、日ソ中立条約を破って満州侵攻すると決めたヤルタ会談こそ「侵略戦争の共同謀議」だったといえます。ソ連の対日戦争は、領土目的の、そして日本から領土を強奪した、純然たる侵略戦争です。これにはまったく触れず、わが国は「戦争被害国」だと言い張るソ連の厚顔無恥ぶりには言葉を失います。

また、ニュース映画は当然ながら満州および周辺地域からの引き揚げ者の話題もとりあげています。一例をあげると満州や「ソ連地区」からの引き揚げ者については次のようなものなどがありました。

46年5月30日「満州から引揚民」
46年10月15日「ソ連地区から初の引揚民」

これらは、引き揚げ民が日本に帰りついたというそっけないナレーションのみで、彼らがどれほどソ連軍によってひどい目に遭ったか、虐殺、略奪、暴行、レイプなど、どんな艱難辛苦の果てに帰国したかについてはまったく言及がありません。ソ連が「戦争被害国」であるという主張に邪魔だからです。また、「連合国を批判してはならない」というプレス・コードにも抵触します。私は身内に「満州帰り」が複数いるので、この理不尽さには血の涙がでる思いです。

WGIP第3段階

WGIPの第2段階は48年2月をもって終わっています。これは極東国際軍事裁判の最終論告が終わりつつあったころです。同年2月12日付朝日新聞もジョセフ・キーナン首席検察官が前日行った最終論告について報じています。

WGIP文書は第3段階では次のような実施計画が立てられたことを示しています（傍線筆者）。

取るべき方法と使用するメディア

新聞　ＣＩＥ新聞班は特別担当官を指名する。その役割は日本人編集者と連絡を保ち添付Ｇ表（これは現在ＷＧＩＰ文書に残っていない）に表現されるようなイデオロギーを彼らに植えつけるだけでなく、客観的な社説を掲げ、東條その他の戦争犯罪者の最終論告と判決だけでなく広島プロジェクト（広島平和記念都市建設計画）についても報道するよう促すことである。

（後略）

ラジオ　ＣＩＥラジオ班は戦争裁判の間引き続き通常番組で添付Ｈ表（これは現在ＷＧＩＰ文書に残っていない）に概要が示されている「戦争犯罪」について強調し、その他の番組でもこれらについて言及する。

（後略）

展示物　ＣＩＥ展示物班は、ＧＨＱの関連部局の許可のもとに戦争裁判の13枚のポスターの概要を決めている。それらのテーマは「少数の人がどのように日本と世界に混沌をもたらしたのか」「平均的市民は自分の人生を自分で決められなかった」「誤った情報を受け入れた結果」「戦艦や飛行機や弾薬などに使われたお金」「それらが平和目的に使われていれば新しい家や電力や近代化などが手に入ったこと」「その他戦争裁判の教訓から学ぶべきこと」などである。

出版物　CIE出版物班はCIE監修のもとに戦争裁判と占領目的にも触れた新しい『太平洋戦争史』を書いてもらうために第一線のアメリカ人歴史学者に日本に来てもらうことを真剣に検討すべきである。アメリカの一流誌に広島の復興についての記事を掲載させることを真剣に検討すべきだ。そのメインテーマは、日本人は現在の窮状の原因に気付いているのか、また、自らの力で自分と国を救おうとしているのか疑問に思っている世界の人々に日本人が罪の償いをしているということ、再建と平和的文化的活動を進めていることを示すことである。このような記事を書いてもらうために取るべき方法は、現在はワシントンにいるボナー・フェラーズ准将と私的な取り決めを結ぶことである。

すでに朝日新聞が掲載したキーナン首席検察官の声明を補強するため極東国際軍事法廷での検察側の最終論告の全文を掲載するよう朝日新聞かどこかの新聞に促す。124

第2章で触れたように、賀茂はWGIPの第3段階は実施されなかったと主張しました。しかし、この実施計画をもとに、当時の新聞、ラジオ放送を検証してみると、明らかに実施されています。[125]

たとえば48年11月12日付朝日新聞朝刊の「東條、強引に開戦主張」は、「朝日新聞かどこかの新聞に促す」とした「検察側の最終論告と判決」そのものです。その前にも「東條、嶋田ら十二名　死刑宣告を予想　ワシントンの観測」（４月23日）、「あす豊田公判　他は東條らの判決後」（10月28日）といった記事が出ています。読売新聞はこのような記事をもっと多く掲載しています。

ＮＨＫはといえば、３月６、13、27日に第一放送の「アメリカだより」という週間ニュースで東京裁判を取り上げています。11月８日から12日まではなんと５日連続で極東国際軍事裁判の最終論告と判決を放送しています。[126]　なぜ賀茂がこれらをチェックせずに本を書いたのか不思議です。ＣＩＥが「促す」と言った通りの報道が明らかに行われています。賀茂が間違っているということは議論の余地がありません。

さらにこの他、あとで詳しく見るように、ニュース映画でも頻繁に極東国際軍事裁判が取り上げられ、検察側を有利に導くような世論誘導がされています。

したがって、展示物や出版物に関する計画も、簡単にできるものであり、そもそも狭義のＷＧＩＰが極東国際軍事裁判の広報プランであったことを思えば、実施されたと考えてしかるべきだと思います。極東国際軍事裁判の判決が迫っているのに日本人向けの広報をしないことは考えられないのです。

さて、この出版物にかかわる部分で、日本人として見過ごせないのは、出版物班の方針のなかでアメリカの一流誌に広島の復興についての記事を掲載させることを検討するというところです。そこには「そのメインテーマは、日本人は現在の窮状の原因に気付いているのか、また、自らの力で自分と国を救おうとしているのか疑問に思っている世界の人々に日本人が罪の償いをしているということ、再建と平和的文化的活動を進めていることを示すことである」と書かれてあります。

この文書を作成したCIE局員は、日本人（文脈からすると広島、長崎の人々）が当時も現在進行形で味わっていた塗炭の苦しみを、日本が戦争を起こしたせいにしています。第2章で見ましたように、これは長崎市長本島が持っていた認識です。そしてこれがいかに歴史的事実に反しているか、不当かはすでに述べました。

にもかかわらず、この文書は「原爆被害は自業自得と自覚せよ。そして、自業自得なのだから占領軍をあてにせず自力で自分と自分の国を救え、そのことを世界の人々に示せ」といっているのです。落とす必要のない原爆を落とし、なんの罪もない一般市民を大量殺戮しておいて、どれだけ人間の心をなくせばこんなことがいえるのでしょうか。

占領軍はこのあと、「広島プロジェクト（広島平和記念都市建設計画）」について報道させ、広島の人々に「原爆」を「平和」と言い換えさせるWGIPを行いますが、これについては第8章で詳しく述べます。

いつも朝日がそこにいた

再確認すべきは、朝日新聞とWGIPの密接な関係です。「すでに朝日新聞が掲載したキーナン首席検察官の声明を補強するため極東国際軍事法廷での検察側の最終論告の全文を掲載するよう朝日新聞かどこかの新聞に促す」という記述は、CIEは何かあったらまず朝日へ持っていき、うまくいかなければ他紙に持って行けばいいと思っていたことを明らかにしています。他紙よりも協力的だとCIEに思われていたからでしょう。

事実、前に見たように、CIEは朝日新聞に『文明の要求』というタイトルで極東国際軍事裁判最終論告の全文を出版するよう要請し、朝日新聞はこれに応えています。このような例はWGIP文書のほかのところにも見られます。

A級戦争犯罪容疑者とされた人々は、当時の日本国民にとっては、ある意味日本の代表でもあります。それなのに、唯々諾々として占領軍の戦争犯罪容疑者糾弾の片棒を担いでいるのです。「慰安婦」大誤報の原点を見る思いです。

賀茂は、取材を受けたとき朝日新聞の記者に、WGIP文書に見られるこのようなCIEと朝日新聞の共犯関係を指摘したのでしょうか。WGIPの第3段階は実行されなかったといっているくらいなので、気付きもしなかったのでしょう。

最後にWGIP第3段階の計画に言及はないものの日本映画社が48年3月以降次のようなニュース映画を放映したことを付け加えておきます。これらは内容からもWGIP第3段階の広報だったということは確かです。

48年3月2日　仮面をはがれた平和主義者—東京裁判—
48年3月9日　侵略主義者東条の正体　個人論告終わる
48年3月23日　弁護団側最終弁論—東京裁判—
48年3月30日　最終弁論大詰めへ—東京裁判—
48年4月6日　賀屋、荒木の弁論へ—東京裁判
48年4月13日　重光、木戸の弁論終わる—東京裁判—

48年4月20日　最終弁論　東条部門へ
48年4月27日　全審理終わる―東京裁判―
48年11月9日　東京裁判再開
48年11月16日　世紀の判決せまる―東京裁判―
48年11月23日　東京裁判判決の日

公開された日付を見ると4月27日以降11月9日まで空いていて、最終弁論が終わったあと、判決が下されるまでニュース映画が流れていなかったことがわかります。最終的判決が出る前は、冷却期間を置くことが必要だと考えたのでしょうか。

さて、これまでＷＧＩＰの第２段階と第３段階を見てきましたが、このような極東国際軍事裁判についての膨大な情報がきわめて計画的に組織的に日本のマスメディアにリリースされたこと自体が占領軍および連合国の強力な心理戦になっていたといえます。

占領軍は、日本は侵略戦争をして、多くの悪をなした、だから裁かれるべきだということを摺り込もうと３年の長きにわたって心理戦を行っていたのです。もちろん、そのように日本を批判する立場の論調があることはおかしなことではないでしょう。問題はそれ以外の論調を徹底的に排除した点です。

極東国際軍事裁判によって、日本は悪の戦争をし、そこでしたことは非人道的で悪であり、したがって戦争犯罪者とされた人々は裁かれることになり、彼らを阻止できなかった日本国民も罪を負うことが確定してしまいました。この裁判こそ最強のプロパガンダであり政治・心理戦だったといえます。

占領軍はA級戦犯の遺灰を海に捨てた

この章の締めくくりとして以下のことを述べておきたいと思います。

日本人に先の戦争について戦争責任があることを認めさせるには、天皇制と密接に結びついている国体思想を排除して、戦争犯罪容疑者の「自分は大東亜共栄圏建設のために滅私奉公しただけだ」とする反論を封じなければなりませんでした。

神道指令が用語や概念の使用をただちに禁止するなど即効性だったのに対し、教育の場からの国体思想の排除、そして国体のなし崩し的改変は、後になってからでないとその効果を確認できない遅効性のものでした。しかし、効き目は遅いものの、効いたあとは、ほぼ永久的にその効果が持続することは今日の私たちの「自虐バイアス」と「敗戦ギルト」が示しています。この効き目は、たとえば、A級戦犯とされて処刑された人々への戦後の一般の日本人の態度に表れています。東條英機らA級戦犯の遺体が横浜市西区の久保山斎場で火葬され、灰にされたのち、占領軍によって東京湾に捨てられました。これはアメリカ軍が2011年に9・11テロの首謀者オサマ・ビン・ラディンの遺体を海上投棄したことを思い起こさせます。

占領軍はこう考えたのです。A級戦争犯罪者を死刑に処しても、国体思想そのものが根強く残り、国のために身を捧げた人々を崇拝するようになれば、いずれ彼らの遺骨を見つけ出して祀り始めるにちがいない。そして、これを許せば、彼らは犯罪者ではなく殉教者となってしまう。この殉教者崇拝は、彼らの戦争裁判の正当性、さらには連合軍による占領の正当性の否定につながっていくだろう。

しかし、結局これは杞憂に終わりました。一部の例外を除き、A級戦犯とされて処刑された人々を、国のために身を捧げた殉教者として崇拝するということは起こりませんでした。戦後の一般の日本国民は、これらの人々は侵略戦争を指導した大罪人だという占領軍のプロパガンダを実にあっさりと受け入れてしまったのです。

今日では、城山三郎の『落日燃ゆ』の主人公になった広田弘毅を除けば、彼らに哀悼の意をささげる日本人は、彼らの関係者を除けば、ほとんどいません。これもまた占領軍による心理戦の成果だったのです。

私たちは、これら極東国際軍事裁判で有罪となった人々を占領軍と同じ目で見るのではなく、日本人としての目で見直す必要があるのではないでしょうか。私たちのなかには「戦犯」に指名された人々を侮蔑的にいう人がいます。しかし、それぞれの「戦犯」が何をしたのか碌に知りもしないのに、占領軍が一方的に「戦犯」のレッテルを貼ったからといって、それを鵜呑みにして、彼らを大罪人だと思うのは、愚民のすることではないでしょうか。日本人は自分で資料を読み（歴史の捏造者は、どうせ読者は読まないと思っているので捏造を繰り返すのです）、自分の頭で判断して、彼らが先の戦争においてどんな役割を果たしたのか、責任があったのか、どんな非があったのか考えるべきです。それが歴史に学ぶということです。

第7章　心理戦は終わらない

ポストWGIPはPSB

連合国は48年を限りに戦争犯罪の新たな起訴は行わない方針を決めました。いつまでも続ける訳にはいかないからです。そして49年9月30日にはA級はもちろんB級もC級もすべての戦争裁判を終息させました。

このあと、占領軍が取り組んだのは、占領が終了後の日本をどうするかということでした。ポツダム宣言に基づいて連合国軍は日本を占領しましたが、これは「軍国主義者の排除」や「民主主義的傾向を妨げるものの排除」や「戦争犯罪者に裁きを下すこと」を目的とするもので、これが達成されたとき速やかに占領を解くことになっていました。

49年までには、日本の政治・社会制度の改造も戦争裁判もほぼ終わり、占領目的そのものは果たされつつありました。占領のあとのことを考える時期に来ていたのです。51年4月に大統領代理、国防総省、国務省、ＣＩＡ、統合参謀本部の代表からなる省庁横断的機関であるPSB（心理戦略委員会）が設置されました。これによって、アメリカの政策を心理戦という点からコーディネイトする体制が整いました。日本の占領は続いていましたが、心理戦の実施主体は、占領軍からPSB傘下の部局に移ります。[127]

実際、サンフランシスコ講和会議をおよそ1カ月後に控えた51年8月4日に、「国別計画書（日本）」が占領軍に通達され、日本のマスメディアを使って、次のことを日本国民に周知徹底することになりましたが、この文書が出てくるのは国務省の文書からです。

（1）平和と集団安全保障体制が日本の独立の基礎であること
（2）責任能力をもった政府が形作られていて、日本は進歩したこと
（3）日本はソ連の共産主義の脅威にさらされていること
（4）アメリカは民主主義の国であり、自由主義陣営では社会や経済を向上させるための政策が取られていること[128]

要するに、（1）集団安全保障体制（つまり日米安全保障条約の締結とアメリカ軍の駐留の継続）なしには日本は独立できないこと、（2）日本はアメリカの側にとどまった方が民主主義と自由主義の経済的・社会的恩恵が得られること、（3）共産主義のソ連は脅威だということを日本人に浸透させ、独立後もアメリカ側に留まらせることです。

テレビも心理戦に使われた

この心理戦には、従来のマスメディアだけでなくテレビという当時のニュー・メディアも動員されました。日本へのテレビ導入のアメリカ側の目的の1つは、反共産主義・親米の心理戦を行うことだったのです（主目的は軍事マイクロ波回線網の建設）。日本のテレビ導入は読売新聞社主正力松太郎の51年以降の動きによって促進されましたが、彼を後押ししていたのは、占領軍のＣＣＳ（民間通信局）分析課課長代理のクリントン・ファイスナー、ボナー・フェラーズの副官ウッドール・グリーン、そして本国のＣＩＡでした。つまり、終戦から占領初期に日本に対して心理戦を行ってきた重要メンバーが日本へのテレビ導入に関わっていたのです。つまりテレビの導入そのものが日本人に対する心理戦だったといえます。詳しくは拙著『日本テレビとＣＩＡ』に譲ります。[129]

今日の目から見ても、アメリカ側につけば、どんな物質的に豊かな生活ができるか、アメリカ人がいかに自由闊達で、素晴らしい人々かを示すうえで、テレビほど威力を発揮したメディアはありませんでした。このニュー・メディアはアメリカの心理戦の目標達成に最も貢献したメディアでした。

アメリカ文化センターが拠点

これに加えて、アメリカ国務省は占領中の日本に自前の広報施設さえ作っていました。日本の各地に作られたアメリカ文化センター、日米文化センターなどの関連施設です。

53年9月8日のＵＳＩＳ（合衆国情報サーヴィス。大使館などを通じてアメリカに関する情報を各国のメディアにリリースする国務省の機関）の半期実績報告書の映画部門を見ますと、46都道府県にある視聴覚ライブラリー、8つの地域配給センター、3つの日米文化センター、19のアメリカ文化センター、東京のＵＳＩＳ映画部の合計で、毎日およそ50万人の日本人がＵＳＩＳ制作の映画を見たと豪語しています。半年の累計では９１２５万人という膨大な数字になります。[130]

これらの映画はアメリカで制作されたもののほかに別枠で予算をとって日本人のスタッフを使って日本で制作したものもありました。予算も3万ドルくらいのものから、10万ドルを越えるものもありました。この点でも日本の映画はアメリカの心理戦の重要なツールだったのです。

利用者が来たついでに、主としてアメリカ文化センターやアメリカン・センターなどで、1タイトルあたり平均10万部のパンフレットと7万部の教師用に書かれたリーフレットを手渡しています。53年1月から6月までの間に、57タイトル合計で176万7975部のパンフレットが配布されました。

52年4月にはいよいよサンフランシスコ講和条約が発効し、7年に及ぶアメリカ軍の日本占領は終わりました。もはやアメリカは日本を直接コントロールできず、心理戦によってリモートコントロールすることしかできなくなってしまいます。そして、その心理戦の主体も、正式に占領軍から国務省（その出先機関がアメリカ大使館とその広報機関であるUSIS）、駐留アメリカ軍（極東アメリカ軍）に移りました。

変らないことといえば、相変わらず計画をたて、目標を設定して、日本のメディアを取り込みつつ、日本国民に対して心理戦を行っていたことです。

ポストWGIP「対日心理戦プログラム」

53年1月30日、PSBは本文28ページ、補遺も入れると50ページにのぼるD27「対日心理戦プログラム」(Psychological Strategy Program for Japan)を策定しました。これはタイトルの通り、日本に対する心理戦の基本方針を示したものです。[131]

PSB文書からは他にフランス、イタリア、ドイツ、東南アジアなどを対象にした「心理戦プログラム」も出てきます。いずれも、共産主義との戦いにおいて戦略上重要な国と地域が選ばれています。当然ながらアメリカは、独立まもない日本を重要視していました。事実この文書にはこう書かれています。

日本は極東地域にアメリカが占めるポジションから見て戦略的にきわめて重要なので、公然のものであろうと非公然のものであろうと日本において共産主義者による攻撃や破壊工作があれば、アメリカは断固たる行動をとらざるをえない。

つまり、朝鮮半島やヴェトナムのように軍事介入してでも日本を共産主義から守りぬくということです。この計画の目標を要約するとおよそ次の3点になります。

1.アメリカおよびアメリカの同盟国との連携を強めれば日本に経済的繁栄がもたらされるが、共産主義国と連携を深めればその逆になると思わせること。

2. 共産主義国は日本を侵略しようとしており、それから身を守るにはアメリカ軍の駐留を受け容れ、アメリカ主導の集団的相互安全保障体制に加わることが必要だと気付かせること。

3. アメリカとの日米安全保障条約、あるいは他の非共産主義のアジアの国々との集団的安全保障体制は相互のものなので、日本は再軍備をしてそのメンバーとしての義務も果たさなければならないことを認識させること。

このD27と51年の「国別計画書」の内容とで違うのは、日本が再軍備して、アメリカとの集団安全保障体制のなかで一定の義務を果たさなければならないとしている点です。実際、アメリカの強い意向で50年8月10日に創設された警察予備隊は52年10月15日に特車（戦車の呼び換え）を装備として持てる保安隊に改組されました。54年3月8日には日米相互防衛援助協定が結ばれ、日本は「自国の防衛力の増強」を義務付けられます。同年7月1日には、保安隊を大幅に拡充し、陸上、海上、航空の3軍による自衛隊が発足しました。この結果だけを見るならD27はこれらの動きをうまくサポートしていただけのように見えます。しかし、話はそんなに単純ではありませんでした。

第五福竜丸事件以後の心理戦

自衛隊発足に向けての準備が大詰めにかかっていた54年3月1日、第五福竜丸の乗組員が太平洋のビキニ環礁でアメリカの水爆実験の死の灰を浴びるという事件が起きました。当初アメリカ側が第五福竜丸の乗組員をスパイ呼ばわりしたこともあって、同年5月以降反米世論が盛り上がり、戦後最大の反米・原水爆禁止運動に発展していきます。

国務次官補のウォルター・ロバートソンは駐日大使ジョン・アリソンに10月22日付で次のような書簡を出さなければならなくなっていました。

「親愛なるジョン

（前略）君も知っているようにＮＳＣ１２５／６は特に「対日心理戦計画」（ＰＳＢ　Ｄ27）の実施を指示している。この実施にあたって、計画通りの活動をコーディネイトするために、何らかの支援が必要な問題にできるだけ速やかに行動が取れるように大使館、ＵＳＩＳ、極東アメリカ軍司令部、その他の代表による委員会が東京に設置された。Ｄ27の目標を達成するために、もっと何かすべきかどうか意見を聞きたい。

君の第五福竜丸事件のときの日本の世論についての優れた分析と日本の反米化の経過につ

いての報告は、いずれももっと活発な心理戦プログラムが必要なことと、これまでの心理戦に欠陥があったことを指し示している。そして心理戦プログラムの必要性は現在の共産主義者の日本に対する平和攻勢によって高まっている。（後略）」[132]

これを受けてCIAはダニエル・ワトソンという局員を正力の秘書の柴田秀利と接触させ打開策を相談しました（詳細は拙著『原発・正力・CIA』に譲る）。彼らは原子力が平和利用できること、そしてこの分野でアメリカが日本に恩恵を与えようとしていることを読売新聞と日本テレビを中心とするメディアキャンペーンによって宣伝し、反原子力・反米世論を鎮静化させることにしました。そして、東京の日比谷で開催された原子力平和利用博覧会（読売新聞とUSIAの共催）が終わる11月下旬までには、これに成功したことをUSIA（アメリカ情報局、ホワイト・プロパガンダを行うための独立機関）の独自アンケート調査によって確認していました。結果として、読売・日本テレビ・USIAによるメディアキャンペーンはD27の一部になったのです。

こののち、日本の核武装を恐れるアメリカから反対を受けたにもかかわらず、正力はメディアキャンペーンの勢いにのって原発導入へと突き進んでいきました。

55年にソ連が日本に原発の提供を申し出てくるにいたって、アメリカは導入反対の姿勢をようやく変えます。[133] 57年に日本をIAEA（国際原子力機関）に加入させ、その厳しい査察体制のもとに置いたのち、アメリカは日本に原発を輸出することに踏み切ります。この転換も、日本を自陣営に抱え込み、ソ連を遠ざけるためになされたことでした。つまり、日本の原発は、D27という心理戦のいわば庶子だったのです。

「対日心理戦プログラム」とWGIPの関連

このような占領が終わってから、すなわち日本が独立してからの心理戦は、占領中のWGIPとどう関わっていたのでしょうか。「自虐バイアス」と「敗戦ギルト」を永続化させるうえで、どのような役割を果たしたのでしょうか。一言でいうと独立後の心理戦、例えばD27などは占領中の心理戦を補強し、永続化させるものだったといえます。

D27の目標は占領終了後もアメリカ軍が駐留しつづけることを受け入れさせ、そのアメリカ軍に国防を依存し続けることを肯定させるというものですが、これは先の戦争において日本は悪だった、だから反省して戦力を持つべきではない、というWGIP由来のマインドセットがなければ可能にはなりませんでした。

また、このマインドセットによって「戦争能力」を奪われ「2度とアメリカに立ち向かうことがないように」されたため、日本は安全保障上アメリカに頼り切らざるを得なくなったのです。そしてまた、これによって、D27の意図した通りに、アメリカは常に日本国民を守り、恩恵をもたらす国というイメージを与え続けることができたのです。

逆にD27もまた占領中の心理戦の効果を補強しています。これほど恩恵をもたらし、敵から守ってくれる国と戦争したのはやはり自分たちが間違っていたとか、極東国際軍事裁判の判決は受け入れ難いものだが、それを受け入れたからこそ、新たな段階に踏み出し、今日に続く経済的繁栄を築くことができたのだと、納得させられるからです。

占領中のアメリカの心理戦がなければ、日本人がこれほど南京事件や慰安婦問題に心を煩わすことはなかったでしょう。これまで見てきましたように、中国も韓国もロシアもアメリカの心理戦に便乗してきたにすぎないのです。

心理戦を行っているのはアメリカだけではない

この章を締めくくるにあたってこのような問いを発したいと思います。日本のマスメディアをこのように操り、日本人の意識を操作してきたのはアメリカだけだったのでしようか。アメリカは、長年にわたって莫大な費用をかけ、とくに占領終結後はアメリカの一流大学出身の優秀な人材をこの分野に投入してきましたが、ロシアも中国も韓国も同じことをしてきたのではないでしょうか。

たとえば、ソ連に関していえば、表向き雑誌記者を名乗っていたスタニスラフ・レフチェンコが実はKGB局員で、日本のほとんどの有力メディアに協力者を獲得し、親ソ世論を作るために暗躍していたことが82年7月14日のアメリカ下院情報特別委員会での彼自身の証言からわかりました。協力者には反ソでは最右翼だと思われている産経新聞の編集局次長までいました。当時大変な騒ぎになり本も数冊出版されました。[134]

中国はどうでしょうか。日本では産業スパイについては、少ないながらも報道されています。しかし、日本のマスメディアへの浸透についての番組なり記事なりを読んだことはありません。ないのでしょうか。私はむしろ逆だと考えたほうが賢明ではないかと思います。相当入り込んでしまっているので、そのような情報が一般日本人に伝わらなくなっていると考えられます。試しに「中国、産業スパイ」とグーグルで検索してみてください。実際に比べて申し訳程度しかでてきません。日本には中国の産業スパイがいないのでしょうか。日本にはもともとスパイ罪がないこともその理由でしょう。しかし、報道そのものがされないとか、出てきても削除されている可能性を考えなくてよいのでしょうか。その場合、誰がそうしているかはいうまでもありません。ネットニュースのコメントのスレッドも、どう読んでも中国人が書きこんでいるとしか思えないものが沢山あります。こういえば、「ヘイトだ」「陰謀論だ」という人が必ずでてきます。

しかし、このような視点を持ってもいいのではないでしょうか。中国が通商上、軍事上重要な外国の港を手に入れるのに数兆円だすのであれば、地政学的にも政治・経済的にもアメリカ、ロシアに次いで重要な日本のマスメディアを動かし、日本の世論を操作するのに金を惜しむはずがない。

韓国についていえば、占領中アメリカの心理戦に使われたマスメディア（朝日新聞など）の韓国びいきが目立ちます。韓国はアメリカが自分の都合（日本の大陸進出の足掛かりを奪う）で作った国ですから、アメリカの影響下にあったメディアがその韓国を悪くいわず、むしろ庇うのは当然かもしれません。日本が嫌韓に傾けば、対ロシア、中国、北朝鮮と軍事的・政治的に向き合うアメリカの国益が損なわれるからです。

「リベラル」を自称しているジャーナリスト、評論家、映画人のなかに不自然なまでに韓国寄りのことをいう人は少なくありません。様々な機会に直接接触を受けてそうなるようです。あまりにも多く、言論活動も活発なので、韓国がわざわざスパイを送って日本のマスメディア操作をする必要がないと思えるくらいです。

いずれにしても日本のマスメディアの報道は、これらの外国の情報機関からさまざまな形で影響を受けています。日本人は「大手メディアだから信じられる」と思いがちですが、占領中のことを見てもわかるように、大手メディアほど外国の情報機関のターゲットとなるので、疑ってかかる必要があるのです。そして、前にも見たように、日本人の歴史認識にとって重要なこと（降伏の条件、北方領土問題、原爆投下、朝鮮との関係等）ほど報じないか、または誤った報道をするのです。このことを深く心に刻み、忘れないようにすること、そして日本のメディアは日本人に今もなお「自虐バイアス」と「敗戦ギルト」を植えつけ続けていることに認識を深めることが、こういった宿痾から抜け出す第一歩になるのではないでしょうか。

そこで次の第Ⅲ部では、現在も日本のマスメディアに頻繁に取り上げられ、議論の的となっている2つの問題の報道にどのようにＷＧＩＰの後遺症が関係しているのか詳しく見ていきたいと思います。

まずは原爆投下から始めましょう。

第Ⅲ部　ＷＧＩＰの後遺症

第８章　原爆報道に見る自虐性

日本人の14パーセントが原爆投下を正当と思っている

ＷＧＩＰの結果である日本人の「自虐バイアス」は、アメリカの世論調査の結果にも表れています。日本人は原爆被害国民であるうえに、毎年広島と長崎の被害の悲惨さを新聞やテレビが報道しているのですから、１００パーセント近い割合で原爆投下を不当と考えていいはずです。ところが、アメリカの世論調査会社ピュー・リサーチの２０１５年（原爆投下70年後）の調べによりますと、原爆投下を正当と考える日本人が14パーセントもいました。[135] 日本人の７人に１人は原爆投下を正当だと考えているというのは驚きです。原爆被害国の国民にもかかわらず、これだけいることの背景には「自虐バイアス」があると考えるのがもっとも合理的に思えます。

アメリカ人はどうかというと、原爆投下が正当であると答えた人々が56パーセントいた一方で、不当と答えた人々は34パーセントでした。これらの数字は微妙です。2人に1人以上のアメリカ人が自分の国が敵国にしたことを正しいと思っているのですが、ほぼ同じくらいの人々はそうでもないと思っているのです。そして、3人に1人は、はっきり不当だったと考えています。

アメリカ人には「自虐バイアス」はありませんが、戦後70年以上も反核・核軍縮運動を見てきましたので、このような数字になっているのでしょう。終戦直後は85パーセント以上のアメリカ人が原爆投下は正当だと答えていました。ということは、これは「自虐バイアス」ではなく、学習効果なのです。

「気持ちの悪い」日本のマスメディアの報道

日本以外の国からこういった数字を見ますと、かなり異常だといえます。この背景には、原爆の悲惨さを訴えても、投下の不当性を訴えない日本のマスメディアの報道があります。

たとえばよく「歴史問題」として議論される「南京事件」や「慰安婦」にこれを置き換えてみましょう。かりに中国や韓国のメディアがこう報道していたらどうでしょうか。

「日本軍が南京で市民になりすました国民党軍の兵士を排除、処刑したのは正当だ。たくさんの市民も巻き添えになったが仕方なかった」

「当時日本の領土だった朝鮮半島の女性が数多く慰安婦になったのは事実だ。だが日本本土出身の貧しい家庭の女性もたくさん慰安婦になったのだから、それは自然なことだ」

このような見方は決しておかしなものではありませんし、その通りだと思う日本人も多くいます。しかし、その日本人もこれらの問題については、自分自身の感情は別として、中国や韓国側で否定する意見が多くても当然だと考えるのではないでしょうか。むしろ、彼らがこれらを肯定する報道ばかりしていたら「気持ち悪い」と思うでしょう。

では、なぜ、日本の報道機関は、自国の「歴史問題」に関し「気持ち悪い」報道をするのでしょうか。これは、WGIPによって植えつけられた「自虐バイアス」と「敗戦ギルト」でしか説明できないと思います。

国家や国民の立場はさておき、純粋に公平性から考えても、「原爆投下は不当だ」、「原爆投下はアメリカの大罪である」という意見と「原爆投下は正当だ」、「原爆投下は日本の過ちが引き起こしたことだ」という意見の両方があっていいはずです。しかし、「自虐バイアス」と「敗戦ギルト」があるので日本のマスメディアにおいては、圧倒的に「気持ち悪い」報道に偏向するのです。

なぜ「原爆」を「平和」と言い替えたのか

マスメディアだけではありません。広島や長崎の資料館などの原爆関連施設にも相当「気持ち悪い」、「自虐バイアス」と「敗戦ギルト」が見られます。そもそも、広島の原爆の被害についてさまざまなものが展示されている記念館がなぜ「平和記念資料館」なのでしょうか。なぜ、「広島原爆資料館」ではないのでしょうか。

その背景にはこういう事実があります。原爆投下から2年後の47年、当時広島市長だった浜井信三がマッカーサーに「平和の祭典」を8月6日に行いたいと申し出ました。浜井は、「広島市政秘話」のなかで、ＮＨＫ広島中央放送局長石島治志の提案を受けてこのような行動を取ったと言っています。[136] 中国新聞の「検証　ヒロシマ　１９４５～

95〈2〉「平和式典」は、石島がこれを思いついた経緯をこう説明しています。

1947年に再発足した市観光協会の席上、委員だった石島放送局長は「8月6日を中心として、大々的に平和祭をやることなどは、国際的にも相当アピールするのではないか」と提唱した。

中国新聞の同記事によると、石島の息子でさえも、次のように、このアイディアに反対しました。

当時、広島高等師範（現広島大）の学生だった晴夫さんは、平和祭提案で父と議論になったと言う。「被爆者の感情を逆なでするのでは」と懸念する晴夫さんに「原爆をうやむやにしてはいけない」と、心情を語っている。[137]

石島の「原爆をうやむやにしてはいけない」は答えになっていませんが、そう答えざるを得ない理由があったのでしょう。

ＮＨＫ広島局は、第1回目の「平和祭」（１９４7年8月6日）を県内およびアメリカ向けに、翌年からは全国向けにラジオ放送します。念を押しておくと、当時は占領中ですからＮＨＫの地方局もＣＩＥの検閲と言論統制のもとにありました。つまり、たとえ石島が考えたアイディアだとしても、ＧＨＱの意に沿わない限り放送できませんでした。つまり、これはＷＧＩＰ、それも第２・３段階の一環だったのです。

このあと、原爆投下の真下に当たる場所に鐘が設置されましたが、これは「平和の鐘」と命名されました。[138] ほかの原爆関連施設も、ＷＧＩＰ文書に「広島プロジェクト」として言及されていた広島平和記念都市建設計画のもと、ほぼ「原爆」ではなく「平和」という名前が付けられていきます。

こうしたのは「原爆」という言葉を広島や長崎の人々が読んだり聞いたりすると、占領軍に対する憤激や恨みの気持ちを再びかきたててしまうからです。占領軍は原爆投下に関する式典が行われるたびに広島の人々にアメリカに対する恨みの気持ちを思い出すことがないよう、それによって彼らの支配に反抗することがないようにしようと考えました。そこで「原爆」を「平和」と言い替えたのです。ただし、このようなことを押し付けてくるのは、前述のように第3段階のＷＧＩＰが本格化する48年からです。

理解しがたいのは、占領が終わり、検閲がなくなったあとも、「原爆」を「平和」と読みかえ続けてきているということです。これは広島平和記念都市建設計画という「制度化」の永続的な力によるものでしょう。これに、アメリカに対する忖度が習慣となってしまったことも加わります。これらが相まって、占領が続いた7年間のあいだにすっかり慣習として定着したので、おかしいとも思わなくなったと考えられます。

ちなみに、広島の原爆死没者慰霊碑の碑文はこうなっています。「安らかに眠って下さい　過ちは繰返しませぬから」――この碑文については、当初から今に至るまで、「日本人が過ちを犯したのでその罰として原爆が落とされた」と読めると抗議が続いてきました。これに対し、広島市は次のような説明をしてきました。

碑文の趣旨は、原爆の犠牲者は、単に一国・一民族の犠牲者ではなく、人類全体の平和のいしずえとなって祀られており、その原爆の犠牲者に対して反核の平和を誓うのは、全世界の人々でなくてはならないというものです。

ＷＧＩＰについての知識を踏まえると、なぜこのような意味不明の、空疎な説明しかできないのかがよくわかります。

せめて両論併記とすべき

長崎はどうかというと、こちらでは「原爆資料館」という名称になっているのですが、原爆投下にちなんで作られた像はやはり「平和祈念像」と呼ばれ、それは「平和公園」のなかにあります。実は、実際の爆心地はもっと下のほうにあり、こちらも公園になっていて原爆の炎を連想させる像が立っていて、「原爆資料館」にも近いのですが、こちらの方は人がまばらです。なぜこちらをメインにしないのでしょうか。広島と同じように、アメリカに対して忖度したと考えざるをえません。

「平和記念資料館」と「原爆資料館」の展示の説明パネルにも問題があります。原爆がどのように作られ、使用されたかについてパネルなどで説明されているのですが、驚くのは、アメリカ側の言い分をそのまま紹介していることです。これはあきらかに偏向といえます。日本人としての批判的視点をもっと入れるべきではないでしょうか。

たとえば、長崎の原爆資料館の被爆者の証言ヴィデオでは、最後にインタヴュアーは「原爆を投下したことは正しいことでしたか」という質問を被爆者にします。これに対してほとんどの証言者は「戦争を終わらせるためにしかたなかった」と答えています。ただし、最後に「原爆投下の正当性については賛否両論があります」と画面に出てきます。日本人が慣らされてしまった締めくくり方です。

これはまったく間違った認識です。なぜなら原爆は日本を降伏させるためではなく、ソ連の勢力拡大を抑えるために威嚇として使われたからです。[139] 正当性など微塵もありません。

そのことをアメリカ軍幹部はよく認識していて、発言もしています。また、アメリカの歴史研究者もそのような研究書を多数発表しています。[140] 自虐的な日本のマスメディアは、それを報道しようとしません。

百歩譲って「賛否両論」があるというなら、公平性からいって、せめて不当だと答える証言者と正当だと答える証言者の数を同数にすべきではないでしょうか。前述の世論調査の結果では、不当だと答える日本人の方が圧倒的多数なのですから、これでも大変な譲歩です。これに加えて、パネルの説明もバランスをとって不当・正当の両論併記としなければなりません。簡単なことです。そして、「できればすべきこと」ではありません。「しなければならない」ことです。

アメリカの博物館はどうか

原爆を落とした「加害国」、アメリカの博物館やマスメディア報道はどうなのでしょうか。

95年といえばアメリカで対日戦争勝利の50年目にあたります。この年、アメリカのスミソニアン航空宇宙博物館は広島に原爆を落としたB29爆撃機（エノラゲイというニックネーム）を修復して展示する計画を立てました。広島のおよそ14万人の人々の命を一瞬にして奪った爆撃機を戦勝記念物として大々的に展示しようというメンタリティは日本人には理解しがたいものがあります。とはいえ、WGIPによる「自虐バイアス」も「敗戦ギルト」もないアメリカ人としては自然なことなのでしょう。

その一方で、博物館は、アメリカの勝者としての一方的な視点だけでなく、敗者である日本の視点も含めようと、原爆被爆者の写真も同時に展示しようと計画しました。これは博物館としての最低限の良心だといえます。

ところが、これが退役軍人団体からごうごうの非難を浴びます。その主張はこうです。「エノラゲイは100万人ものアメリカ兵の命を救った。それなのに、原爆犠牲者の写真を展示すると、アメリカ軍がなんの罪もない一般市民を無差別に大量殺戮したように見えてしまう。だから、エノラゲイだけを展示し、原爆被爆者の写真は撤去せよ」

しかし、アメリカ人の中には、原爆投下を不当と考える人々に加え、正当と考えてはいても、被害者への視点も大切だと考える人々も相当数いました。したがって、これは大きな論争を巻き起こしました。

結局、原爆展は中止され、その後エノラゲイだけを展示しました。やはり、アメリカの博物館は、自虐的な日本の原爆資料館とは大きく違うのです。

ここまでは日本でも報道されたので、記憶している方も多いと思います。ほとんどまったくといっていいほど報道されなかったのは、そのあと放送されたドキュメンタリー番組のことです。

ＡＢＣが原爆投下正当論を否定

アメリカの４大ネットワークの１つＡＢＣは、この論争のさなか「ヒロシマ・なぜ原爆は投下されたのか」という番組を放送しました。[141]

この番組でＡＢＣは、かつてどのアメリカの報道機関も冒したことがないタブーに挑みました。なんと「原爆は戦争終結を早め、100万人ものアメリカ兵の命を救ったというが、それは本当なのか」と問いかけたのです。

現在にいたるまでアメリカ政府の公式見解は「原爆投下は正当である。それによって100万人ものアメリカ将兵の命が救われたからだ」というものです。これは、終戦時において、原爆投下か日本本土への上陸作戦かしか選択肢がなかったことを前提としています。本土上陸作戦を行っていたならば100万人ほどのアメリカ将兵の命が失われることになっていたが、原爆のおかげでそれをせずに済んだので「原爆が100万人ものアメリカ将兵の命を救った」という理屈になるのです。

ABCの番組は、この政府見解に正面から疑問を投げかけるものでした。これだけでも「自虐バイアス」も「敗戦ギルト」もないアメリカでは天地がひっくり返ることですが、番組はなお「原爆投下か本土上陸作戦かしか選択肢はなかったというのは歴史的事実ではない。他に皇室維持条項を含む降伏勧告とソ連の参戦の合計4つの選択肢があった。したがって、原爆投下という選択はしっかりとした根拠に基づいて決断されたものとはいえない」という結論を出したのです。これは日本人から見ればフェアな結論ですし、歴史的事実に基づいています。

アメリカは、多チャンネル・多メディア化した結果、放送メディア（ＡＢＣ、ＣＢＳ、ＮＢＣ、ＦＯＸなどの地上波テレビ・ネットワーク）だけが公平原則に束縛されるのは不条理だとして87年にこれを廃止しています。ということは、ＡＢＣは公平原則のためではなく、あくまでも歴史的事実を追求するというマスメディアの良心にしたがってこの番組を作ったということになります。

ＡＢＣは不買運動を覚悟した

賞賛されるべきは、リスクを覚悟しての放送だった点です。今日にいたるまでのアメリカ政府の公式見解をこの番組が真っ向から否定することになるので、大多数のアメリカ大衆の不買運動のリスクを覚悟しなければなりませんでした。

アメリカにはＮＨＫのような公共放送は存在しません。[142] ＡＢＣはコマーシャルを流して広告収入を得る民間地上波テレビ・ネットワークです。アメリカの退役軍人団体が立ち上がってコマーシャルで宣伝されている製品の不買運動を呼びかけ、アメリカ大衆がこれに同調すれば、番組制作関係者のクビがとぶだけでは済みません。ＡＢＣ幹部は日本の放送関係者がかつて冒したことのないリスクを覚悟し放送に踏み切ったのです。

結果は彼らにとっても驚くべきものでした。一部の保守層は別として、一般視聴者は番組に拒否反応を示しませんでした。むしろ原爆投下をめぐって当然あるべき議論の1つとして受けとめたのです。

私が驚くとともに感動さえしたのは、この番組に放送番組に与えられる賞としては最も権威あるピーボディー賞が与えられたことです。つまりABCはタブーに挑んだだけでなく、放送に携わる者としては最高の栄誉を獲得しさえしたのです。ABCもたいしたものですが、賞を与えるアメリカのジャーナリズムも、その背後にいるアメリカ国民の良識も素晴らしいといえます。しかし、ここで強調しておきたいのは、アメリカではこれは途方もない勇気を必要としたジャーナリズム上の偉業ではありますが、日本側でいえば放送法第4条、とくに公平原則に忠実だっただけだということです。

ちなみに、終戦の年のギャラップ世論調査では、原爆投下を正当だと答えるアメリカ人は85パーセントいました。番組が放送されて4年後の99年のデトロイト・フリープレスの調査では63パーセント、2015年のピュー・リサーチの調査では、56パーセントまで落ちています。この変化には前述の番組の貢献もあったと考えられます。

とはいえ、このような歴史的事実を知ったあともなお、過半数を超えるアメリカ人が依然原爆投下は正しいと思っています。彼らはＷＧＩＰマインドセットなどなく、「自虐バイアス」も「敗戦ギルト」も持っていないのですから、それが正常なのです。

ＮＨＫの番組は原爆投下を正当化してきた

日本側の原爆関連のドキュメンタリー番組はどうでしょうか。私の知る限り、ＡＢＣのように「アメリカは戦争終結にあたってどのような選択肢を持っていたか」「アメリカは正しい選択をしたか」「原爆投下は正しかったのか」と正面から問いかけた番組は日本側にはありません。最近の番組を例にとりましょう。

２０１８年８月12日にＮＨＫのＢＳ１で「ＢＳ１スペシャル▽〝悪魔の兵器〟はこうして誕生した〜原爆　科学者たちの心の闇」という番組が放送されました。このなかで、ＮＨＫスタッフは大量殺戮兵器としての原爆使用「賛成派」２人と「仕方なかった派」１人の科学者を大きくクローズアップしています。

２人のうちの１人、原爆開発の現場にいた科学者のトップ、ロバート・オッペンハイマーは、原爆投下について「世界はこれ（広島でパターンとなった原爆使用）が人間と国家と文化の間にゆっくりとだが根本的な変化をもたらすことをこれまでにないほどよく理解するだろう」と肯定的に語っています。もう1人の暫定委員会（原爆および原子力の平和利用について審議し、大統領に諮問する委員会）の委員で大統領の科学顧問だったヴァネヴァー・ブッシュは、より明確に「原爆は結局世に出るものだった。それが劇的にあらわれただけだ」といっています。

この番組が罪深いのは、ルーズヴェルト大統領に原子力研究を勧めたレオ・シラードを「仕方がなかった派」に入れていることです。番組の最後はシラードの伝記作家ウィリアム・ラヌエットの「（シラードは）原爆を作るという間違った賭けをしたと自覚していたが、その選択は仕方がなかった」という言葉で締めくくられています。

しかし、実際には、シラードにとって問題だったのは、原爆を作ったことではなく、それをどう使用するか、だったのです。事実、彼は他の多くの科学者と共に日本への実戦使用に反対していました。[143] シラードが存命ならかなり激しい抗議文をNHKに送ったことでしょう。

NHK番組は投下反対派科学者を無視した

この番組の制作者は、これら3人だけでなく、彼らの周囲にいた、多少批判的ではあっても原爆の殺戮兵器としての使用を肯定する、あるいはそれを仕方のない選択だと思っている多数の科学者たちのとりとめもないおしゃべりも長々と垂れ流しています。

その一方で、ジョセフ・ロートブラット（ポーランド生まれの物理学者、のちにノーベル平和賞を受賞）など、ドイツが原爆を完成する見込みはないと知り、もはや原爆を作る必要はなくなったとして、マンハッタン計画から去った「離脱派」はまったく話に出てきません。[144]

そのまま残留したものの、日本に原爆を実戦使用すべきでないと政権に訴えた科学者は、シカゴの冶金《やきん》研究所だけでも69名もいたのに、番組には１人も登場しません。

なぜ「賛成派」ないし「仕方なかった派」だけを番組に取り上げるのでしょうか。まるで、「原爆の使用は戦争終結のためにしかたなかった。結果として多くの人が救われたのだ」というアメリカ政府のためのプロパガンダをやっているみたいです。

事実を再確認しておきますが、英米ソがヨーロッパやアジアの戦後処理を話し合っていた45年７月の段階で、アメリカは日本との戦争を終らせる選択肢として、（１）本土上陸作戦を行う（２）皇室維持を条件として認めた降伏勧告を出す（３）原爆を投下する（４）ソ連の参戦を待つ、と選択肢が４つありました。つまり、本土上陸作戦か原爆投下の二者択一ではなかったのです。[145]

とくに、アメリカは、日本の暗号電報を解読していて、大統領を始めとする重要閣僚にその要点をまとめた報告書（マジックといいます）が配布されていました。したがって日本側が6月頃からソ連を仲介として、できるだけいい条件で連合国側に降伏しようと動いていたことは把握していたのです。そして、皇室維持という条件付きなら日本が降伏する可能性がきわめて高いことも知っていました。[146] ですから、原爆投下か本土上陸作戦かしか選択肢がなく、多数のアメリカ兵の命が失われないように前者を選んだというのは事実ではありません。この番組は日本の視聴者に事実を伝えず、アメリカのために原爆正当化のプロパガンダを行っているのです。

原爆はソ連への威嚇という証言

また、同番組はシラードに多くを語らせているのですが、彼の次のような重要証言は紹介していません。

「（ジェイムズ・）バーンズは、戦後のロシア（ママ）の振る舞いについて懸念していた。ロシア軍はルーマニアとハンガリーに入り込んでいて、これらの国々から撤退するよう説得するのは難しいと彼は思っていた。そして、アメリカの軍事力を印象づければ、そして原爆の威力を見せつければ、扱いやすくなると思っていた」[147]

これはシラードが当時暫定委員会に大統領代理として加わっていたジェイムズ・バーンズ（およそ1カ月後に国務長官となる）と45年5月28日に会見したときに得た証言です。

この証言は、なぜアメリカ側が日本にとって最も不当な大量殺戮兵器としての使用を選んだのかについての説明になっています。つまり、そうすることが、ルーマニアやハンガリーなど東ヨーロッパ地域に勢力拡大を図るソ連に対する威嚇になったからです。

シラードのこの証言は、研究者の間では常識となっていて「アメリカはソ連のヨーロッパでの勢力拡大を抑止するために原爆を使った」という主張の根拠としてよく使われています。要はアメリカ兵の命を救うためではなく、アメリカの軍事力をソ連にアピールするために、あのような残酷な仕方で広島、長崎の市民の命を奪ったのです。

なぜ国民から受信料を取りたてている公共放送ＮＨＫが日本の放送法にうたわれている公平原則に反する、そしてアメリカ人が見ても「気持ちの悪い」番組を制作するのでしょうか。スタッフは、きわめて病的で根深い「自虐バイアス」と「敗戦ギルト」を持っているとしか答えようがありません。ＷＧＩＰの影響はまだ続いているといえます。

第9章　慰安婦問題に見るWGIPの効き目

占領軍も「慰安所」を合法とした

日本と韓国の関係を悪化させる原因になってしまった「慰安婦問題」の根底にあるのもWGIPによる「自虐バイアス」と「敗戦ギルト」だといえます。以下で歴史資料を踏まえつつ私の知見を述べましょう。

まず、はっきりさせておきますが、日本軍が組織的に20万人もの朝鮮半島出身の女性（当時の国籍は日本）を強制連行して慰安所に入れたという歴史的事実はありません。そもそも、日本本土には「娼妓取締規則」、朝鮮半島には「貸座敷並娼妓取締規則」という法律があって、女性を強制連行して慰安所に入れるということは制度上できなかったのです。

南京事件で現地女性に対するレイプが多発したので、これと性病を防止するために日本軍は「慰安所」を作ることを決めましたが「軍慰安所従業婦等募集に関する件」[148]などの指令を出して、軍に協力するという名目で、騙したり、さらったりなど違法な方法で女性を集めないよう官憲に取締の徹底を求めていました。つまり、法律に加えて、日本軍としての通達によっても、その方面の業者が日本女性（日本本土出身であると朝鮮半島や台湾出身であるとにかかわらず、日本国籍を持っている女性）を強制連行によって「慰安所」に送り込むということが起こらないような体制がとられていたのです。

たしかに個人的犯罪としては、スマラン島（インドネシアにある）事件のケースのように、軍の命令に反して、勝手に慰安所を作り、現地女性を無理やり監禁して、慰安婦として日本軍将兵の相手をさせた、という例はあります。しかし、この慰安所は上官の知るところとなったとたんに閉鎖され、首謀者たちは、戦後、死刑を含む厳罰を受けています。これは日本軍の軍規に反し、自分の勝手な判断でした犯罪であり、そのようなものとして戦争裁判などで裁きを受けています。[149] こうした特殊なケースを根拠として、軍全体、あるいは国家が強制連行を実施したといった主張をすることは間違いです。

秦郁彦は『慰安婦と戦場の性』のなかで、日本軍の慰安婦制度は当時の公娼制度の延長線上にあるものであって、また、女性たちの多くも、もちろん因果を含めてでしょうが、なんらかの同意のもとに慰安婦になったことも明らかにしています。[150] そして、当時の国内法でも、国際法でも、「慰安所」を作ることは違法ではなかったのです。[151] 事実、アメリカ軍でさえ、戦後まとめた文書のなかで、日本軍の「慰安所」を「アメニティ」という分類に入れていました。[152] つまり、食堂、宴会場、風呂などと同じような付帯設備です（事実、こういった場所で兵士の相手をする女性も慰安婦とは別にいました）。それを運営することにいかなる犯罪性も認めていませんでした。

その証拠に極東国際軍事裁判でも起訴対象とされたことはありません。このことは、敵国のアメリカでさえ「慰安所」の運営を犯罪ではないと考えていたことを証明します。にもかかわらず、このような歴史的事実に反する「慰安婦報道」が戦後35年以上もたったころから日本人の目をひくようになるのです。

吉田清治の「強制連行」捏造

ことの始まりは、『朝鮮人慰安婦と日本人』という本を書いた吉田清治を朝日新聞が82年9月2日（大阪版）で「朝鮮の女性　私も連行　元動員指揮者が証言　暴行加え無理やり　37年ぶり危機感で沈黙破る」という記事にしたことでした。[153] 戦争中に済州島で女性（国籍上は日本国民）を多数強制連行して慰安婦にしたと告白したのです。しかも戦後はそのことを謝罪する活動をしていました。それで朝日新聞の目にとまったという訳です。

実際には吉田が本に書いたこと、謝罪活動のなかで話したことは、まったくの嘘でした。前に述べた歴史的事実に照らしても、起こりそうもないことです。しかし、全体としてはそうであっても、個別のケースではスマラン島のケースのように、例外があったかもしれないという疑いがあります。彼がそのようなことを書いたり話したりすると、「自虐バイアス」と「敗戦ギルト」を持った人々が「よくぞ本当のことを話してくれた」という反応を示すのは、このような理由からでしょう。

彼の本も、そして話も、嘘だということは、『済州新聞』が89年の記事で「２５０余の家しかないこの村で15人も徴用したとすれば大事件であるが、当時はそんな事実はなかった」という現地の85歳の老婆の証言からも明らかです。[154]

このことは秦郁彦や当時ＮＨＫの記者だった池田信夫などの現地取材によって再確認されました。[155] 吉田当人も96年になって、事実と創作をないまぜにしていたことを認めました。これを受けて朝日新聞も97年３月31日に吉田の「著述を裏付ける証言は出ておらず、真偽は確認できない」との記事を掲載しました。

その一方で、吉田の話がかなり怪しいことが明らかになったころから、朝日新聞は別の人物の証言を取り上げ始めます。自分が元慰安婦だと証言した金学順です。91年8月11日、朝日新聞は「元朝鮮人従軍慰安婦　戦後半世紀重い口開く」という記事で、彼女が「女子挺身隊の名のもとに戦場に連行された」と証言したと報じます。

ところが、彼女は同年12月6日の日本政府相手の損害賠償請求裁判の訴状では、「養父によって軍人専用列車で『北支』に連れていかれ、そこで慰安所に引き渡された」という趣旨のことを述べています。[156]「日本の官憲によって戦場に強制連行されて慰安婦になった」のと「養父によって『北支』に連れていかれ、そこで慰安所に引き渡された」のとではかなり話が違います。あとの証言では、彼女が慰安婦になるにあたって日本の官憲の関与はなかったことになります。そして、こちらのほうが事実だったのです。

もともと、彼女の裁判での主張は、「かつて日本軍の慰安婦だった自分が今は生活にも困るようになったので日本政府が補償してくれ」というもので「日本の官憲によって慰安婦にされたことが不当だから補償してくれ」ということではなかったのです。

ほかの多くの慰安婦（そのゆうに半数以上は日本本土出身者）と同様、貧困ゆえにそのような境遇に陥ってしまったのであり、この点はおおいに同情しなければなりません。しかし、だからといって「養父に連れていかれて慰安所に引き渡された」と「日本軍に強制連行されて慰安婦にされた」が同じになる訳ではありません。にもかかわらず、慰安婦のことが日韓の問題となるにつれて、これらは混同されるようになったのです。

朝日新聞は歴史的事実を無視し続けた

結局、彼女の訴えは「両締約国（日本と韓国）及びその国民の間の請求権に関する問題が（中略）完全かつ最終的に解決された」とする65年の日韓基本条約をもとに退けられましたが、朝日新聞は彼女の立場を擁護し「慰安婦報道」を続けました。

見方によっては、日韓基本条約のとりきめで、救済から漏れてしまった人々を救うために日本の人権派弁護士と朝日新聞が共同でキャンペーンを行ったといえます。これはこれで不遇な人に対する救済活動として評価をすべきだと思います。

ただし、人権派弁護士に関していえば、なぜ、同じように救済から漏れてしまったシベリア抑留者、そしてソ連軍の満州侵攻の犠牲になった日本人、とくにソ連兵と現地男性（中国人、朝鮮人）の性暴力の犠牲になった女性（朝鮮半島出身者を含む）のことをもっと問題にしないのかという疑問は残ります。ソ連による満州侵攻は、国際的共同謀議（つまりヤルタ会談）による侵略戦争であり、そこで行われたことは戦争犯罪です。

朝日新聞の「慰安婦報道」が問題なのは、歴史的事実からどんどん離れていったことです。この91年の時点でこのことに関し、何らかの歯止めと修正が必要でした。しかし、むしろさらにエスカレートしていって、事実を伝える報道というよりは、プロパガンダというべきものになっていきました。だからこそ、韓国もそれを利用できたのです。

日本政府を窮地に陥れた文書誤読とクマラスワミ報告書

朝日新聞は、92年1月11日の朝刊では、中央大学教授、吉見義明が発見した文書をもとに「慰安所　軍関与示す資料」「部隊に設置指示　募集含め統制・監督」と報じました。実際はこの文書は、前述の通り、「慰安所」の設置のために慰安婦募集に関して業者が違法なことをしないように官憲に求めるものでした。しかし、韓国政府と慰安婦のことで交渉していた日本政府は、日本軍が慰安所を設置していたことを示すこの記事で窮地に陥りました。それまで日本政府は日本軍の慰安所への関与を一切否定していたからです。この結果、当時訪韓していた宮澤喜一首相は、態度を一変させて、日本軍の関与を認め、8回にわたって韓国側に謝罪し、「真相究明」を約束することになりました。[157]

日本国民が「自虐バイアス」と「敗戦ギルト」を持っていると、政府もそれに影響されます。少なくともこの当時の政府は、朝日新聞の報道と日本国民の世論と韓国政府の態度がシンクロしていると思い込んだのです。

93年8月4日、いわゆる河野談話（正式名称「慰安婦関係調査結果発表に関する河野内閣官房長官談話」）が発表されます。これによって、韓国だけでなく、世界中に「日本政府が公式に慰安所に日本軍が関与していたことを認め、正式に謝罪した」というニュースが発信され、それが国際的に認識されることになります。そして、「戦争中、日本軍が朝鮮人女性を強制的、組織的に慰安所に送り込んだ」ということが国際的に確立してしまいました。これは歴史的事実にまったく反するのですが、1度国と国の場で認め、謝罪したことを、あとで取り消すことは、みっともないだけでなく、国際的信用を失う行為です。したがって、「真相究明」によって徐々に事実が分かってきたにもかかわらず、当時の政府はこの誤った認識を取り消すことにあまり積極的ではありませんでした。

そうしているうちに国連の人権委員会に96年「クマラスワミ報告書」が提出され「日本軍が20万人もの朝鮮人女性を性奴隷にした」ということが国際的に認定される事態に

発展していきます。

日本語もハングルも読めないラディカ・クマラスワミは、「慰安婦」に関する認識を英語で書かれたジョージ・ヒックスの『性の奴隷　従軍慰安婦』から得ています。しかし、この本は、まともな研究者なら相手にしない吉田清治や金一勉（『天皇の軍隊と朝鮮人慰安婦』を書いた）の通俗本をベースにしています。[158] 彼女の「クマラスワミ」付属文書1は、国際連合で「テイクノート（留意する）」となりました。これは、下から2番目のランクの評価です。しかし、韓国や朝日新聞は、「日本軍による朝鮮人女性の性奴隷化」が国際的に認知されたとして、大々的に宣伝しました。国際社会における日本の地位は下がり、海外にいる日本人子女がいじめを受けたなどとも伝えられました。

安倍首相のディレンマと「慰安婦問題」の見直し

ようやく2007年3月になって、安倍晋三首相がこれを是正する動きを起こします。同年の1月にカリフォルニア州選出の下院議員のマイク・ホンダが慰安婦に対し謝罪を日本政府に要求する決議案をアメリカの下院に提出したことを受けたものでした。安倍首相は吉田証言などにも触れながら「強制性を示す客観的な証拠はなかった」「広い意味での強制性はあったが、狭い意味での強制性はなかった」と国会答弁したのです。

アメリカのワシントン・ポストやニューヨーク・タイムズは首相のこの態度を二枚舌であるとして厳しく批判しました。日本政府が一旦政府見解として出し、国際的に確立した事実とされたものをあとになって否定するのは誠意を欠く態度だというのです。

アメリカ政府の態度も日本に厳しいものでした。すでに韓国に対して国として謝罪したことを取り消して日韓の間に不和を生むのは好ましくないとして、日本政府に慰安婦についての公式見解を変えないよう求めたのです。アメリカは共産主義に対する防波堤として、また緩衝帯としての韓国と日本は協調体制をくずしてはならず、両国がいがみ合うことは自国の国益に反すると考えているのです。

結局、安倍首相は同年４月には『ニューズウィーク』の記者に対して、従軍慰安婦について「人間として心から同情する。首相として大変申し訳なく思っている」「彼女たちが慰安婦として存在しなければならなかった状況につき、我々は責任がある」と述べることになりました。[159]　このことによって、「日本軍が20万人もの朝鮮人女性を強制連行し性奴隷にした」という国際的認識をただすことは一層難しくなっていきました。

その一方で、とくに韓国で、この問題に関して日本を貶める報道がだんだん度を越してきたため、より多くの日本人がこの問題に関心を持つようになり、歴史研究者のほかに評論家やジャーナリストも加わって歴史的事実のチェックをするようになりました。

これによって朝日新聞の「慰安婦」に関する報道が歴史的事実と相いれないものであることが確認されたため、ついに朝日新聞は「慰安婦」関連記事のなかに誤報があることを認め、一部の記事の訂正をすることになりました。

しかし、その訂正も、すでに虚偽であることを認めている吉田証言に関する記事や女子挺身隊という言葉の誤用に関するものに限定されました。とくに後者に関していえば、このような説明をしています。

「女子挺身隊は、戦時下で女性を軍需工場などに動員した『女子勤労挺身隊』を指し、慰安婦とはまったく別です。当時は、慰安婦問題に関する研究が進んでおらず、記者が参考にした資料などにも慰安婦と挺身隊の混同がみられたことから、誤用しました」[160]

これはそれまでの報道を全面的に否定するものではありません。

「大誤報」の根底にはＷＧＩＰ由来の「自虐バイアス」と「敗戦ギルト」

とくに指摘したいのは、「慰安婦」の「誤報」については、植村隆・元朝日新聞記者だけが槍玉にあげられがちですが、これは朝日新聞全体の問題だということです。池田信夫も、記者個人というよりは、朝日新聞大阪支社社会部あるいは朝日新聞全体の「誤報」であると述べています。[161] また、このような誤報をしたのは朝日新聞だけではありません。全国紙、地方紙問わず、ほとんどの新聞が朝日新聞と同じ「誤報」を流していたのです。そのなかには、この誤報で朝日新聞を激しく批判している産経新聞さえ含まれます。なのに、産経新聞は現在でも慰安婦に関するこの誤報を訂正していないのです。

したがって、こういわざるを得ません。WGIP由来の「自虐バイアス」と「敗戦ギルト」を持っていたのは、朝日新聞とその読者にとどまらない。他の新聞も、読者も、そして日本人の大部分がそれらを持っていた、だからこのようなことが起こったのだ。

日本軍が20万人もの朝鮮人女性を奴隷狩りのようにして集め、戦地や占領地の慰安所に送り込んだというフィクションは、日本人が読んで決して「気持ちいいもの」ではありません。また、新聞の読者のなかには、戦争当時兵士だった人々、兵士ではなかったものの本当の事情をよく知っている人々が相当数いたはずです。なぜ、その人々は、多少の例外を除いて、現在にいたるまで沈黙を続けているのでしょうか。その根底にあるのが原爆の場合と同じ「自虐バイアス」と「敗戦ギルト」だと思われるのです。

とくに戦後に生まれた団塊の世代は、マスメディアを通じて暴虐で残忍な日本軍の行為についてさんざん聞かされているので「日本軍ならそのくらいのことをしたかも知れない」と思ったのでしょう。

吉田の作り話を簡単に信じたのは、旧日本軍に対して不信感（この場合は不当な）を持つような素地があったからです。仮に残虐行為があったか疑わしくても、誇張されていることが明らかでも「戦争に負けたのだから、いまさらそれは違うとか、誇張されているとかいってもしかたがない。多少のことは受け入れよう」と考えたのでしょう。

宮澤政権の外交上の大失態も「あの罪深い日本軍だから過去においてそのようなことをしたかも知れない」というＷＧＩＰマインドセットがあったからこそ、やすやすと朝日新聞にミスリードされ、生まれたのではないでしょうか。そもそも「自虐バイアス」や「敗戦ギルト」がなければ、朝日新聞を中心とするマスメディアの「誤報」が30数年以上も信じられ続けることはなかったでしょう。そして、日韓の外交問題となり、国際的注目を集めることもなかったはずです。

世界的視野から見て日本のマスメディアはきわめてユニークな仕方で偏向していますが、その根底にあるのはＷＧＩＰマインドセットだと結論せざるを得ません。

終章　ＷＧＩＰマインドセットの副産物「平和ボケ」

スイス人は戦争抑止のための犠牲を惜しまない

日本には、このようにいうマスメディアと人々がいます。

先の戦争で日本は悪をなした。だから、戦争をしてはいけない。戦争のための戦力を持ってはいけない。戦争はみな悪である、と。これはＷＧＩＰマインドセットによる「自虐バイアス」と「敗戦ギルト」の副産物だと考えられます。

もちろん戦争は絶対に避けるべきです。誰もこれには異論がないでしょう。しかし、「戦争はみな悪なのか。どんな戦争もいけないのか」はよく考えなければいけません。

戦争には大きくわけて侵略戦争と防衛戦争があります。しかし、私の経験では、「戦争反対」といっている人々は、この区別があることすら意識していないようなのです。

戦争や戦力を絶対悪のように見なす考えが正しいとすると自分たちの生命と財産を侵略者から守る防衛戦争も悪であり、それをしてはならないことになります。また、敵対する国が戦争を仕掛けてこないよう抑止するための戦力を持ってもいけないことになります。日本では、メディアも国民もこれが正しく当たり前のことだと思っています。世界から見るとこれはきわめて異常です。

永世中立国としてよく知られる、そして私が住んだことのあるスイスを例に取りましょう。スイス人の銃所持率はアメリカにまさるとも劣りません。なぜそんなに高いのかというと、いつでも銃を取って自衛戦争に参加できるようにするためです。

観光地などで、休日に元軍人たちがパレードを行なったり、演説をして気焔を上げたりしているのをよく見かけます。「スイスは永世中立国なのになぜあなたたちがこのように、目立つところでパレードをしたり集会を開いたりするのか」と聞くと「いつでも戦争に参加できるように仲間同士コミュニケーションをとったり士気を保つためだ。そして何より、こうしていることを外国人に見てもらうためだ」といいます。つまり、いつでも国を守るために立ち上がる心の準備をしておくことと、その気構えを外国人に知ってもらうために、彼らは休日も集まっているのです。

また、スイスではよく列車の中で軍服を着た兵士の集団を見かけます。民間人が乗る列車ではなく、軍用車両で移動すればいいのにと思うのですが、スイスとしては軍服を着た兵士が常に国中を移動していることを外国人に見せたいのです。

また、スイスのパンはまずいといわれます（フランスやドイツなどと比べての話でしょう。私はまずいとは思いませんでした）。その理由は新しい穀物は備蓄に回し、古くなったものをパンにするからです。自衛戦争ともなれば、スイスのような小国で食糧不足は致命的ですから、備蓄しなければなりません。これも自衛のための措置です。

さらには、アルプスの山奥で重機を使って軍事施設を作っているのを見かけることがたまにあります。この平和な時代、いまさらそのような施設を作ってどうするのかと思いますが、スイス人は「常に侵略戦争を想定して、防衛上重要な拠点だと思えば作り続ける。また、それを外国人に見せることは侵略の抑止になる」といいます。

感心するのは、「今は平和で、戦争の可能性なんかないのだから、こんな労力と犠牲を払うのはやめよう」などと彼らが微塵も思わないことです。

スイス人が戦争を抑止するために払う努力と犠牲には頭がさがります。彼らは陸続きの小国ゆえに日本人以上に戦争を嫌い、平和を愛し、その尊さを知っています。しかし、その考え方、することは日本人と真逆です。彼らは「戦争を防ぐために戦争の準備を怠ってはならない」と考え、そのように行動します。

日本人は、平和を祈り、戦争を嫌悪しますが、自衛力の強化には熱心ではありません。むしろ、戦力を持たないことによって、平和が保てると信じています。「戦争はしたくないので、戦争には備えない」という考えかたです。

戦争から逃げた国はどうなったか

これがいかに非現実的か、そして危険かは、かつて戦場となったヨーロッパや現在の中東の国々を見ればわかります。これらの国々は戦争をしたくてしたのではありません。十分な抑止力がなかったために戦争に巻き込まれてしまったのです。

たとえばノルウェーとベルギーは第2次世界大戦で中立でしたがドイツの侵攻を受けました。とくにベルギーはフランスへの進撃ルートにあったので戦場となってしまったのです。第1次世界大戦のときもそうでした。

オランダは、第1次大戦のとき総動員体制を取り続けたのでドイツの侵攻を免れました。第2次世界大戦ではロッテルダムが壊滅するまで抵抗しました。このため、再び抵抗されることを恐れたドイツは、ポーランドやチェコでしたような圧制は行いませんでした。

近年でいえばクウェートがイラクの侵略を招いてしまったのは十分な国防力を持たなかったからです。

歴史を振り返ると、戦争準備を怠った国ほど戦争に巻き込まれ、ひどい目に遭っています。どうぞインターネットなどで確かめてみてください。

そうしたことを知っている世界の多くの国の人々は、平和を祈り、戦争を嫌っていますが、自衛戦争もいけない、それも悪であるなどとは思っていません。自衛力を強化することをタブー視するどころか、敵国がつけいることがないよう、戦争の抑止になるよう、できるだけ強力な軍事力を手に入れたいと思っています。それが「普通の国」なのです。

では、スイスを含めたこれらの国々と日本とはどこが違っているのでしょう。なぜ、日本は歴史に学ばないのでしょうか。それは、「自虐バイアス」と「敗戦ギルト」があるか、ないかの違いなのではないでしょうか。

自衛しない日本をアメリカは守ってくれない

日本はロシア、北朝鮮、中国に囲まれています。どの国も核兵器を持ち、ミサイルは日本の重要都市を容易に標的にできます。彼らが一発でも核ミサイルを撃てば、数千万人以上の犠牲者が出て日本は壊滅します。そのあとで、仮にアメリカが反撃したとしても、日本人にとっては「あとの祭り」です。

ロシアとは北方領土問題、中国とは尖閣諸島の問題を抱えています。北朝鮮ではないものの、韓国とは竹島の問題を抱えています。紛争の種に事欠きません。安全ではないどころかきわめて危険な状態にあります。平和が保たれてきたのは歴史上稀な強運のおかげです。

日本にはアメリカ軍が駐留していますが、彼らが日本の自衛隊とともに戦うためには議会の承認が必要です。アメリカの議会ですので、日本のではなく、アメリカの国益を第一に考えます。大統領もこの点では同じです。つまり、どんな場合でも日本を助けるということではないのです。

核戦争となれば、なおさらそうです。果たして、ニューヨークやシカゴやロサンゼルスを犠牲にする覚悟で、日本を守るために核兵器を使う決断を議会および大統領はするでしょうか。アメリカの立場に立って考えてみればわかることです。

私の複数のアメリカの友人は彼らの本音をこういいます。

「アメリカの軍事力は、アメリカ国民の血税で作られ、維持されている。アメリカ国民の一部も動員されている。アメリカとその国民を守るのが目的だ。核兵器も大陸間弾道弾もそのために持っている。同盟国は大切だが、アメリカが多大の犠牲を払ってまで同盟国とその国民のために使うとなぜ日本人は思うのか。核兵器を使わないまでも、日本を守るためにどうしてアメリカ兵が血を流さなければならないのか。しかも、日本人は自分の国を守るために自ら戦おうとしないというではないか」

たしかに、私がアメリカ人だったら、日本人に同じことをいうでしょう。

日本人はもはや「自虐バイアス」と「敗戦ギルト」を胸にかき抱き、外国の情報機関にコントロールされているマスメディアの報道を鵜呑みにし、「戦争はどんな戦争も悪である」と信じ、ひたすら言葉だけで平和を唱えているわけにはいきません。戦争を抑止し、回避するために、そろそろ必要とされる歴史リテラシーと軍事リテラシーを身に着け、日本を「普通の国」にすべきだと思います。

あとがき

1992年にフルブライト上級研究員プログラムに応募しました。その最終面接にあたったのが江藤淳でした。このとき、私は彼にさまざまなことをいいましたが最後に「公文書館などで資料収集などもしてみたい」と付け加えました。このとき彼が私にかけてくれた言葉が今も耳に残っています。「第1次資料にあたるというのはとても意義深いことだと思います。できるだけ多くご覧になってください」

このときは江藤がおざなりのことをいっていると私は感じました。当時の私にとって、江藤とは『作家は行動する』などを書いた文藝批評家であり、『漱石とその時代』などを書いた近代文学研究者でした。実際、夏目漱石についての講演を1度ならず聞きにいったことがあります。当時の私には、歴史に限らず、江藤が第1次資料に詳しいとは思えなかったのです。

迂闊《うかつ》極まりないことですが、私は江藤が少し前に『終戦工作の記録』（86年）を監修し

『閉された言語空間』（89年）を書いていたことを知りませんでした。アメリカ大使館が関係するフルブライト・プログラムの面接員に彼がなっていること自体不思議でした。親米というイメージはなかったからです。

結局、私は最終面接をパスし、晴れてアメリカで研究することができました。もともとアメリカに行くことが第一で、公文書館で資料を見ることは付け足しだったのですが、何か江藤と約束をしたように感じていたので、所属大学がミズーリ州のセントルイスにあったにもかかわらず、メリーランド州カレッジパーク（江藤のときは同じ州のスートランドにあった）にあるアメリカ国立第2公文書館まで車で片道3日かけて行きました。

退屈きわまりない道中「カントリーロード」という曲を繰り返しCDで聞いていました。ウェスト・ヴァージニア州あたりに差しかかり、前方にブルーリッジ・マウンテンが青い屛風のように見えてきたときはとても感動しました。

アメリカ国立第2公文書館には2週間ほどいたと記憶しています。家族連れで行ったので、私の子供も含めて家族全員が写真入りの入館カードを持つことになりました。今も笑い話の種にしています。

当時の私は、何か公文書を閲覧するといえば、占領軍文書しか思いつかなかったので、アーキヴィストのいうままに、50年から52年までの時期の文書を読みました。まったく聞いたことがない人名や部局名のオンパレードで辟易しました。これが私の現在に至るまでの20数年間におよぶ公文書館通いの出発点になりました。

ということで、江藤の言葉なしに今の私は存在しなかったのです。本書を書いたのは、江藤との縁を意識してのことです。ここに改めて、今はなき江藤に対する感謝の意を表したいと思います。

最後に、私が学内で理不尽なパワーハラスメントや人権侵害を受け、なかなか筆が進まなかったにもかかわらず、忍耐強く待ってくださった新潮社の編集者の方、いつものように誤字脱字、勘違いだらけの私の原稿を大変な労力をかけて直してくださった校閲の方に深く感謝申し上げます。

令和2年5月20日　風薫る七ツ森の自宅にて

註釈

1 山崎雅弘『歴史戦と思想戦』（集英社新書、２０１９年）２２４-２２８頁

2 有馬哲夫『こうして歴史問題は捏造される』（新潮新書、２０１７年）第４章

3『こうして歴史問題は捏造される』第４章

4 長谷川毅『暗闘　スターリン、トルーマンと日本降伏』（中央公論新社、２００６年）。Harry S. Truman, Memoirs by Harry S. Truman, Year of Decisions (Doubleday & Company, 1955), Vol. 1, pp. 402-403; James F. Byrnes, Speaking Frankly (Harper & Brothers 1947) p.208.

5 Highlight of Yalta Papers and Related Data, Com. Foreign Relations General 1955-1956, Karl Mundt Papers, RG III, DB 481-2., 有馬哲夫『歴史とプロパガンダ』（ＰＨＰ研究所、２０１５年）90 - 93頁

6 福井義高『日本人が知らない最先端の「世界史」２』（祥伝社、２０１７年）第12章

7 有馬哲夫『歴史問題の正解』（新潮新書、２０１６年）第２章「真珠湾攻撃は騙し討ちではなかった」

8 ヘルケ・ザンダー、バーバラ・ヨール編、寺崎あき子、伊藤明子訳『１９４５年　ベルリン解放の真実―戦争・強姦・子ども』（パンドラ、１９９６年）

9 Amenities in the Japanese Armed Forces, Research Report, p.12, Allied Translator and Interpreter Section, Records of General, Headquarter, FEC, SCAP and UNC, Military History Division, Publications, Reports and Translations, box 479, RG 554.

10 有馬哲夫「１９９６年、日本の『慰安婦問題』反論文はなぜ封印されたか」（『新潮45』２０１７年5月号）

11 ハワード・B・ショーンバーガー、宮崎章訳『占領１９４５～１９５２―戦後日本をつくりあげた8人のアメリ

カ人』（時事通信社、１９９４年）とくに第６-８章

12 有馬哲夫『児玉誉士夫　巨魁の昭和史』（文春新書、２０１３年）１９１-１９３頁

13 Paul F. Lazarsfeld and Robert K. Merton, Mass Communication, Popular Taste and Organized Social Action, in ed, Paul Marris and Sue Thornham, Media Studies Reader (New York Univ., Pr., 200) pp.26-30。なおこの論文の出版年は１９４８年ですが、その内容は第2次世界大戦前のアメリカのマスメディアについてです。

14 江藤淳『忘れたことと忘れさせられたこと』（文春文庫、１９９６年）とくに11-40頁

15 江藤淳『一九四六年憲法―その拘束』（文春文庫、１９９５年）17頁

16 『一九四六年憲法―その拘束』39-40頁

17 『一九四六年憲法―その拘束』32頁

18 江藤淳『閉された言語空間』（文春文庫、１９９４年）２６４頁

19 髙橋史朗『歴史の喪失』（総合法令出版、１９９７年）２-５頁

20 『歴史の喪失』59-79頁

21 『歴史の喪失』１６０頁

22 有馬哲夫「１９９６年、日本の『慰安婦問題』反論文はなぜ封印されたか」（『新潮45』２０１７年5月号）

23 若林幹夫『「ＧＨＱ洗脳説」は誤りである』（ムゲンブックス-デザインエッグ社、２０１８年）1頁

24 『歴史戦と思想戦』２２３-２２４頁

25 『こうして歴史問題は捏造される』２１９-２２４頁

26 『歴史戦と思想戦』２２４-２２６頁

27 『歴史戦と思想戦』４-５頁

28『こうして歴史問題は捏造される』158－161頁

29 賀茂道子『ウォー・ギルト・プログラム』（法政大学出版局、2018年）6－7頁。彼女の博士論文に私の著作物は先行研究として挙げられていません。故意でないでしょうが、先行研究のチェックに瑕疵があったということになります。

30 From DA（CSPID）to CINCFE, February 28, 1948; From DA（CSPID）to CINCFE, March 5, 1948; From DA（CSPID）to CINCFE, June 5, 1948, Civil Education and Information Section Administrative Division Confidential Decimal File 1945-1952, Box 5096, RG. 331（National Archives II, College Park, USA）

31『ウォー・ギルト・プログラム』215－216頁

32 賀茂道子「教育かプロパガンダか―GHQ情報宣伝活動の研究史と課題」（『歴史学研究』第993号、2020年）17－24頁

33 吉田裕『日本人の歴史認識と東京裁判』（岩波ブックレット、2019年）24－27頁。ただし、WGIP以外の彼の見解は、私のものと大枠で一致しています。

34『歴史とプロパガンダ』第4章「占領軍のブラックな心理的占領」、有馬哲夫「アメリカ『対日心理戦』再検証1、2、3、4」（『新潮45』2016年1月、2月、3月、4月号）

35 岡部伸「【歴史戦】GHQ工作　贖罪意識植え付け　中共の日本捕虜『洗脳』が原点　英公文書館所蔵の秘密文書で判明」、https://www.sankei.com/life/news/150608/lif1506080009-n1.html

36 江崎道朗『コミンテルンの謀略と日本の敗戦』（PHP新書、2017年）

37「【歴史戦】GHQ工作　贖罪意識植え付け　中共の日本捕虜『洗脳』が原点　英公文書館所蔵の秘密文書で判明」

38 Eugene Hoffman Dooman Papers 1918－1973, box 2, Herbert Hoover Institute, Stanford University（Palo Alto,

USA）

39 Canada: Death of Mr. E. H. Norman, from United Kingdom High Commissioner in Canada to Secretary of State for Commonwealth Relations, May 15, 1957, KV2/3261（The National Archives, London UK）

40 岡部は２０１４年7月27日の産経新聞の記事「『ノーマンは共産主義者』英断定　ＧＨＱ幹部　日本占領政策に影響」で次のように書いています。

「カナダの外交官でＧＨＱ（連合国軍総司令部）幹部だったハーバート・ノーマンが英ケンブリッジ大に留学していた１９３５年、英ＭＩ５（情報局保安部）がノーマンを共産主義者だと断定し、第二次大戦後の51年にカナダ政府に通報していたことが26日、英国立公文書館所蔵の秘密文書で明らかになった」

岡部がこの記事に引用している大学時代のノーマンについての報告書は、ノーマンがケンブリッジ大学時代に共産主義者と付き合いがあったことを示してはいますが、その後の占領期および外交官時代に共産主義者だったことを証明するものではありません。カナダ政府もそう理解しています。

さらに「英断定」と見出しにあるのですが、イギリス政府は57年であれ２０１４年であれ、「ノーマンが共産主義者であった」と公式発表していません。前に見たようにその反対の内容の報告書を駐カナダ高等弁務官事務所がイギリス本国に送っています。また、イギリス政府はカナダ政府の公式見解を否定してまで、カナダの外交官についてそのような発表をするはずもありません。「英断定」とは何を指して言っているのでしょうか。https://www.iza.ne.jp/kiji/world/news/140727/wor14072711130010-n1.html

岡部の問題記事はほかにもあります。例をあげると、２０１６年12月５日付「ヤルタ密約に疑念　英秘密文書で判明　ロシアの北方四島不法占拠が濃厚に」、２０１８年8月10日付「米原爆投下7月1日に署名　チャーチル首相、深く関与」です。これらの記事で述べられている、「ヤルタ密約をアメリカが無効とした」は、私が『歴史とプロパガンダ』第2章で、「原爆投下にチャーチルが同意していたこと」などは、「イギリスとカナダも原爆投下に同意していた」(『新潮45』２０１６年7月号)ですでに明らかにしています。詳しくは次の URL をご覧になってください。
https://www.dailyshincho.jp/article/2018/08241600/

41 たとえばマーク・ゲイン、井本威夫訳『ニッポン日記』(ちくま学芸文庫、１９９８年)を読めばこの辺の事情がわかります。

42『ニッポン日記』５２６頁

43 Propaganda Technique in the World War (MIT Pr., 1927; Reprinted with a new introduction, 1971) Saul Kussiel Padover and Harold Dwight Lasswell, Psychological Warfare (New York, Foreign Policy Association, 1951)

44 Christopher Simpson, Science of Coercion (Oxford Univ., Pr. 1996), pp.,15-41.

45 有馬哲夫『ＮＨＫ解体新書』(ワック新書、２０１９年)第４章

46 関野通夫『日本人を狂わせた洗脳工作 いまなお続く占領軍の心理作戦』(自由社ブックレット、２０１５年)

47 Proposed War Guilt Information Program (The Third Phase), CIE, 3 March, 1948 Supreme Commander for Allied Power, Civil Education and Information Section Administrative Division Confidential Decimal File 1945-1952, Box 5096, RG. 331 (National Archives II, College Park, USA)

48 War Guilt Information Program, Memorandum for the Chief, CIE, 3 March, 1945, Supreme Commander for Allied Power, Civil Education and Information Section Administrative Division Confidential Decimal File 1945-1952, Box 5096, RG. 331 (National Archives II, College Park, USA)

49 Memorandum on Basic Military Plan for Psychological Warfare in the Southwest Pacific Area, Office of Strategic Services Planning Group, September 15, 1944, Bonner Fellers, 3. Memorandum, Fellers-Greene, August

25, 1945
50 高橋史朗『「日本を解体する」 戦争プロパガンダの現在』（宝島社、２０１６年）
51 Paul F. Lazarsfeld and Robert K. Merton, Mass Communication, Popular Taste and Organized Social Action, pp.26-30.
52 以下のサイトを参考にしてください。 田原総一朗「『終戦のエンペラー』がアメリカで映画化された理由とは」 https://www.huffingtonpost.jp/soichiro-tahara/post_5310_b_3674394.html
53 Bonner Fellers, Reaction, from Japanese Interviewed after Surrender, undated, Bonner Fellers, Box 39（Herbert Hoover Institute, Stanford University Palo Alto, USA）
54 以下のフェラーズの略歴は遺族の方が管理しています。Bonner Fellers, https://www.bonnerfellers.com/、週刊新潮編集部『マッカーサーの日本　上』（新潮文庫）83 - 84頁
55『マッカーサーの日本　上』83 - 84頁
56 Bonner Fellers, The Psychology of the Japanese soldier, Fort Leavenworth, Kan. : Command and General Staff School, 1935. Fellers, Box 16.
57『マッカーサーの日本　上』83 - 84頁
58 George Marshall-A. J. Ulio, War Department, 2 September, 31 October, 1942, 8 January, 26 February, 1943,. Fellers, Box 39.
59 Douglas MacArthur-First Naval Member, Royal Australian Navy, Commander, Political Warfare Committee, Allied Land Forces, 31 August, 1942, Bonner Fellers, Box 3, Bonner Fellers, Notes, G1 recommendation re. Psychological Warfare Branch, 3 June, 1944, Fellers Box 3.

60 これにはアメリカ海軍所属ながらＯＷＩに出向していたエリス・ザカライアス大佐も参加していました。彼はのちに日本に向かって降伏を呼びかける放送を行います。Subversive Radio Broadcasts to Japan, Commander in Chief, United States Fleet, and Chief of Naval Operations to Commander in Chief, U. S. Pacific Fleet, February 9, 1945, M1642（National Archives II, College Park, USA）, Ellis M. Zacharias, Secret Missions（Naval Institute Press, 2003）pp.334-335.

61 Establishment of Psychological Warfare Branch, June 4, 1944., Fellers, Box 44.

62 Psychological Warfare Conference, Manila, May 7, 1945, Bonner Fellers. Box 3.

63 Psychological Warfare Reaction and Development, US Army, 6th Army, Headquarter, Psychological Warfare Branch, Collection Selection 1944-1945, Bonner Fellers, Box 14.

64 Production and Distribution, June, Establishment of Psychological Warfare Branch, June 4, 1944. Box 44, Woodall Greene, Weekly Plan（ 22-28 April）, 21 April, 1945, Bonner Fellers, Box 3.

65 有馬哲夫『「スイス諜報網」の日米終戦工作』（新潮選書、２０１５年）１５１‐１５７頁

66 Philippine Hour Implementation of Basic Plan for Psychological Warfare against Japan, From J. Woodall Greene to Bonner Fellers, June 7, 1945, Bonner Fellers, Box 3.

67 Dean Carl W. Ackerman, Broadcasting to Japan in Manila, 27 April, 1945, Box 4. Philippine Hour Implementation of Basic Plan for Psychological Warfare against Japan, From J. Woodall Greene to Bonner Fellers, June 14, 1945, Bonner Fellers, Box 3. Memorandum, Fellers-Greene, 5 August, 1945, Box 4.

68 Treatment of Potsdam Proclamation in News and Commentaries, 2 August, 1945. Box 3.

69『「スイス諜報網」の日米終戦工作』とくに第９章

70 外務省編『終戦史録5』（北洋社、1978年）58 - 59頁
71 引用は英語の原文の私訳で日本語の原文は江藤淳監修『終戦工作の記録　下』に収録されています。「ポツダム宣言ノ条件受諾ノ件」江藤淳監修『終戦工作の記録　下』（講談社文庫、1986年）494頁
72 Telegram No 747,10.8.1945, No 769,14.8.1945, No 788, 8.11.1945, No 804, 8.14.1945, CH-BAR E2801（-）1957/77/vol3. Diplomatic Documents of Switzerland 1848-1975, Swiss Federal Archives（Bern）
73 詳しくは有馬哲夫「御聖断だけでは戦争は終わらなかった」（『新潮45』2017年8月号）
74 ちなみに、これまでポツダム宣言受諾をめぐる日米のやり取りはラジオ放送や電報でなされてきたといわれてきました。私はかねてからこれを疑問に思っていました。日本と日本国民の命と運命がかかっているこんな重要なことをラジオ放送や電報で交渉できるものでしょうか。謀略放送やデマ電報だと思われて無視される可能性が大だったはずです。また悪天候によって届かないという可能性も十分あったはずです。事実、スイスの加瀬と東京の東郷の間の降伏交渉にかかわる電報は、悪天候で届かないことがありました。外交の正式手続きは、中立的な国に仲介を依頼し、それを通した文書のやりとりですることになっています。そうでなければ、信用できませんし、したがって確実なものともなりません。

前の注釈にあげたスイス連邦公文書館所蔵の公文書は、実際には当時スイス公使だった加瀬俊一がスイス政治省に出向いて降伏交渉を依頼し、これを引き受けたスイス政府が駐アメリカスイス大使館を通じて仲介をしていたことを示しています。スイス政治省と駐アメリカ大使館の間は電報によるやり取りでしたが、加瀬とスイス政治省、駐アメリカスイス大使館の担当官マックス・グラズリとアメリカ国務省との間は文書の手渡しで行われていました。つまり、正式な外交手続きによって降伏交渉は行われていたのです。このような重要なことがなぜこれまで明らかにされてこなかったのでしょうか。これも占領軍の検閲と情報統制と心理戦の副産物だと考えざるを得ません。

75『硫黄島からの手紙』ワーナー・ブラザーズ、２００６年

76 American mutilation of Japanese war dead' https://en.wikipedia.org/wiki/American_mutilation_of_Japanese_war_dead

77 Basic Military Plan for the Control of the Dissemination of Information in Japan, 22 August, 1945, Bonner Fellers, Box 13.

78「軍官民総懺悔の要あり」（『朝日新聞』１９４５年８月30日）

79「首相宮御放送　大詔の御精神に逸脱許さず」（『朝日新聞』１９４５年８月18日）、詳しくは有馬哲夫「御聖断だけでは戦争は終わらなかった」（『新潮45』２０１７年８月号）

80 Memorandum for the President, Authority of the Supreme Commander for the Allied Powers, September 13, 1945, State Department Records Decimal File, 1945-1949, 740.0019, RG 59. Authority of Super Commander Clarified, September 25. Department of State Radio News Bulletin, 国立国会図書館『総司令部指令覚書類　１９４５年９月』JCS1380/6 国立国会図書館ウェブサイト =SWNCC181/2 https://www.ndl.go.jp/constitution/shiryo/01/023/023_002r.html

81 Memorandum for the Supreme Commander Allied Powers, Office of the Military Secretary, 10 September, Bonner Fellers, Box 12. フェラーズの情報統制局は９月以降 Dissemination of Information（情報伝播）とだけ出てきます。

82 Washington（Joint Chief of Staff）-CINCAFPAC（Chief, United States Air Forces, Pacific）30 November, 1945, Box 159（MacArthur Archives, Norfolk, USA）

83 Washington（Joint Chief of Staff）-CINCAFPAC（Chief, United States Air Forces, Pacific）22 January, 1946, Box

159（MacArthur Archives, Norfolk, USA）

84『マッカーサーの日本　上』１５２‐１５６頁

85 Memorandum for the Supreme Commander Allied Powers, Office of the Military Secretary, 10 September, Bonner Fellers, Box 12.

86 Memorandum, Bonner Fellers-Woodall Greene, 9 September, 1945. Box 4.

87 マーク・T・オア、土持ゲーリー法一訳『占領下日本の教育改革政策』（玉川大学出版部、１９９３年）16‐17頁

88 Psychological Warfare Conference, Manila, May 7, 1945, Bonner Fellers. Box 3.

89『マッカーサーの日本　上』１３７頁

90 Douglas MacArthur-WARCOS（Personal for George Marshall）, 10 August, 1954, Bonner Fellers, Box 22. Order, Off and EM concerned, General Headquarter, United States Army Forces, Pacific, 28 August, 1945, Bonner Fellers, Box 39.

91『マッカーサーの日本　上』１３７頁

92 General Order No. 183, Civel Information and Education Section, September 22, 1945′ General Orders, AFPAC, August-September, SCAP Memos- General Orders, RG4, MacArthur Memorial Archives., Organization of Civil Information and Education Section, CIE（C）00007-10

93 朝日新聞「太平洋戦争史」１９４５年12月８日から10回連載

94『マッカーサーの日本　上』１００‐１０１頁

95 Scapin-33: Press Code for Japan 1945/09/19 https://dl.ndl.go.jp/info:ndljp/pid/9885095.

96「今次戦争ノ呼称並ニ平戦時ノ分界時期等ニ付テ」https://rnavi.ndl.go.jp/politics/entry/bib00362.php

97 竹前栄治『GHQの人びと』(明石書店、2002年)269-270頁

98 Bonner Fellers, The Psychology of the Japanese soldier

99『汝の敵日本を知れ』(Know Your Enemy, Japan, 1945) 現在YouTubeやNetflixなどの有料映像配信サーヴィスで見ることができます。

100 浜田健二「〝真相はこうだ〟の真相」(『文芸春秋』1954年10月臨時増刊号)

101 以下の記述をするにあたり、竹山昭子の以下の論文をソースとした。竹山昭子「占領下の放送―『真相はこうだ』」南博編『続・昭和文化1945-1989』(勁草書房、1990年)105-144頁

102 ただし髙橋史朗はいち早く映画に言及していました。WGIP文書をすでに読んでいたからです。髙橋史朗『歴史の喪失』155-159頁

103「戦争証言アーカイブス」https://www.nhk.or.jp/archives/shogenarchives/。なお、このアーカイヴの存在は神戸新聞社編集局報道部川村岳也(元有馬ゼミ生)から教示いただいた。

104 放送法制立法過程研究会編『資料・占領下の放送立法』(東京大学出版会、1980年)76-77頁

105『マッカーサーの日本、下』78-79頁

106 日本放送協会『放送』1946年3・4月合併号(日本放送協会、1946年)28頁

107 連合軍総司令部民間情報教育局、訳中屋健弌『太平洋戦争史』(高山書院、1946年)3-4頁

108『閉された言語空間』268-269頁

109 Memorandum, 21 December, 1945, Civil Information and Education Section, General Headquarters, Supreme Commander for the Allied Powers, Civil Education and Information Section Administrative Division Confidential Decimal File 1945-1952, Box 5096, RG. 331 (National Archives II, College Park, USA)

110　A・リックス編、竹前栄治、菊池努訳『日本占領の日々―マクマホン・ボール日記』（岩波書店、1992年）49頁
111　Discontinuance of Certain Theater Units, General Headquarters, Supreme Commander for the Allied Powers, Civil Education and Information Section Administrative Division Confidential Decimal File 1945-1952, Box 5096, RG. 331（National Archives II, College Park, USA）Army Forces, Pacific, 1 May, 1946,
112　War Guilt Information Program, Memorandum for the Chief, CIE, 3 March, 1945, d4614
113　『占領下日本の教育改革政策』17頁
114　『占領下日本の教育改革政策』18－19頁
115　https://www.digital.archives.go.jp/DAS/pickup/view/detail/detailArchives/0101000000/0000000002/00
116　『占領下日本の教育改革政策』171－172頁
117　『占領下日本の教育改革政策』170頁
118　「國體の本義」国立国会図書館デジタルコレクションから https://dl.ndl.go.jp/info:ndljp/pid/1156186
119　H・J・ワンダーリック『占領下日本の教科書改革』（土持ゲーリー法一監訳・玉川大学出版部、1998年）137－138頁
120　国家神道、神社神道ニ対スル政府ノ保証、支援、保全、監督並ニ弘布ノ廃止ニ関スル件（昭和二十年十二月十五日連合国軍最高司令官総司令部参謀副官発第三号（民間情報教育部）終戦連絡中央事務局経由日本政府ニ対スル覚書）文部科学省ホームページから。https://www.mext.go.jp/b_menu/hakusho/html/others/detail/1317996.htm
121　『占領下日本の教科書改革』54－55頁
122　War Guilt Information Program, Memorandum for the Chief, CIE, 3 March, 1948

123 War Guilt Information Program, Memorandum for the Chief, CIE, 3 March, 1945、『太平洋戦争史』

124 Proposed War Guilt Information Program（The Third Phase）, CIE, 3 March, 1948, この文書の1部は『閉された言語空間』２７９－２８４頁にも引用されています。

125 『ウォー・ギルト・プログラム』２１５－２１６頁

126 これらの日付は読売新聞朝刊の「ラジオ欄」で確認できます。

127 USIE Planning for Japan, NA, Mr. Overton-NA, Mr. Johnson, 30 March, 1951, State Central Decimal File 1950-1954, Box 2536-2537, RG59（National ArchivesII, College Park, USA）

128 USIE Country Plan-Japan, 4 August, 1951, USIE Program for Japan, FE/P w. Bradley Conners-OII, Mr. Grondah, 3 March, 1951, State Central Decimal File 1950-1954, Box 2536-2537, RG59

129 有馬哲夫『日本テレビとＣＩＡ』（宝島ＳＵＧＯＩ文庫、２０１１年）

130 Semiannual Evaluation Report, USIS, Tokyo-USIA, Washington, 8 September, 1953, State Central Decimal File 1950-1954, Box 2536-2537, RG59

131 Psychological Strategy Program for Japan, 30 January, 1953, Psychological Strategy Board, Record Relating to the Psychological Strategy Board Working File 1951-1953, Box 3°国別番号でＤ27とも呼ばれます。

132 Foreign Relations of the United States, 1952-1954. China and Japan（in two parts）Volume XIV, Part 2, 1766

133 詳しくは『原発・正力・ＣＩＡ』（新潮新書、２００８年）１８０－１８４頁、有馬哲夫「原発即時ゼロで失われるもの―電力、外交カード、そして」https://politas.jp/features/6/article/386

134 詳しくは以下の URL を参照してください。
https://www.amazon.co.jp/s?k=%E3%83%AC%E3%83%95%E3%83%81%E3%82%A7%E3%83%B3%E3%82%B3&__

mk_ja_JP=%E3%82%AB%E3%82%BF%E3%82%AB%E3%83%8A&ref=nb_sb_noss_1
135 ハフィントンポスト「原爆投下は正しかった」２０１５年８月10日。https://www.huffingtonpost.jp/2015/08/10/atomic-bomb-injustice_n_7963898.html
136 浜井信三「広島市政秘話」（『中国新聞』１９５５年）
137「検証　ヒロシマ　１９４５〜95〈２〉平和式典」（『中国新聞』２０１２年３月29日）。https://www.hiroshimapeacemedia.jp/?p=27158
138 From Shinzuo Hamai to Douglas MacArthur, June 16, October 10, 1949, Correspondence from Japanese and Koreans 1945-51, Personal Correspondence, Box 166, RG10, MacArthur Archives（Norfolk, USA）
139 有馬哲夫『原爆　私たちは何も知らなかった』（新潮新書、２０１８年）第２章
140「外交派」といわれる研究者たちです。原爆はソ連に対する外交上の理由から使用されたのであって、日本を降伏させるという軍事上の理由ではなかったと唱えています。その代表格が『原爆投下決断の内幕』（ほるぷ出版、１９９５年）を著したガー・アルペロヴィッツです。Gar Alperovitz, *The Decision to Use the Atomic Bomb*（Vintage, 1995）
141 ABC, “Hiroshima: Why the Bomb was Dropped” 1995.
142 ＰＢＳという番組制作機構はあるのですが、これは放送するための放送ネットワークを持っていません。
143 Leo Szilard: His Version of the Facts. Ed., Spencer R. Weart and Gertrud Weiss Szilard, MIT Press, 1980, pp.,184-186.
144 Rotblat, Joseph, “Leaving the Bomb Project”. Bulletin of the Atomic Scientists,.（August 1985）.,41: 16-19
145 前述のＡＢＣのドキュメンタリーの中で暫定委員会の書記をつとめたマクジョージ・バンディがアメリカ政府首

脳はこれら4つの選択肢があることを知っていたと証言しています。"Hiroshima: Why the Bomb was Dropped."

146『原爆　私たちは何も知らなかった』１４６-１４９頁

147 Leo Szilard, p.186.

148 陸軍省副官発北支方面軍及中支派遣軍参謀長宛通牒」、「陸支密７４５号軍慰安所従業婦等募集に関する件」（１９３８年3月4日付）。吉見義明編集・解説『従軍慰安婦資料集』（大月書店、１９９２年）１０５-１０６頁

149『こうして歴史問題は捏造される』71-73頁

150 秦郁彦『慰安婦と戦場の性』（新潮選書、１９９９年）27-28頁

151 詳しくは「１９９６年、日本の『慰安婦問題』反論文はなぜ封印されたか」（『新潮45』２０１７年5月号）

152 Amenities in Japanese Armed Forces, Research Report No.120, November 15, 1945, Publication, Reports, and Translation, Military History Division, Records of General Head Quarter, FEC, SCAP, and UNC. RG. 554, Box. 479 (National Archives II, College Park, USA)

153 吉田清治『朝鮮人慰安婦と日本人―元下関労報動員部長の手記』（新人物往来社、１９７７年）

154『慰安婦と戦場の性』２２９-２３４頁

155 池田信夫「慰安婦問題って何？」https://agora-web.jp/archives/1608369.html

156 アジア太平洋戦争韓国人犠牲者補償請求事件訴状 https://www.awf.or.jp/pdf/195-k1.pdf を是非お読みになってください。

157「記者の目――日韓関係」（『毎日新聞』１９９３年9月9日）

158「女性に対する暴力　戦時における軍の性奴隷制度問題に関して、朝鮮民主主義人民共和国、大韓民国及び日本への訪問調査に基づく報告書」（いわゆるクマラスワミ報告書）https://www.awf.or.jp/pdf/0031.pdf15。詳しくは有馬

哲夫「1996年、日本の『慰安婦問題』反論文はなぜ封印されたか」参照。

159 山本健太郎「従軍慰安婦問題の経緯―河野談話をめぐる動きを中心に」、『レファレンス』第七五二、72 - 75頁。https://dl.ndl.go.jp/view/download/digidepo_8301279_po_075204.pdf?contentNo=1

160 朝日新聞デジタル「『挺身隊』との混同　当時は研究が乏しく同一視」https://www.asahi.com/articles/ASG7M01HKG7LUTIL067.html

161 池田信夫『朝日新聞　世紀の大誤報：慰安婦問題の深層』（アスペクト、2014年）131 - 133頁

初出について

本書は『正論』、『新潮45』の雑誌掲載論文、および『歴史とプロパガンダ』の第4章をもとに加筆、修正を加えたものです。

「日本を再敗北させたGHQ洗脳工作『WGIP』」2015年6月『正論』7月号、182 - 194頁

「アメリカ『対日心理戦』再検証1」2015年12月『新潮45』1月号、128 - 133頁

「アメリカ『対日心理戦』再検証2」2016年1月『新潮45』2月号、194 - 199頁

「アメリカ『対日心理戦』再検証3」2016年2月『新潮45』3月号、268 - 273頁

「アメリカ『対日心理戦』再検証4」2016年3月『新潮45』4月号、188 - 193頁

『歴史とプロパガンダ』第4章「占領軍のブラックな心理的占領」2015年、PHP研究所、117 - 169頁

有馬哲夫　1953（昭和28）年生まれ。早稲田大学教授（メディア論）。著書に『原発・正力・CIA　機密文書で読む昭和裏面史』『大本営参謀は戦後何と戦ったのか』など。

Ⓢ新潮新書

867

日本人《にほんじん》はなぜ自虐的《じぎゃくてき》になったのか
占領《せんりょう》とWGIP

著　者　有馬哲夫《ありまてつお》

2020年7月20日　発行

発行者　佐　藤　隆　信
発行所　株式会社新潮社
〒162-8711　東京都新宿区矢来町71番地
編集部(03)3266-5430　読者係(03)3266-5111
https://www.shinchosha.co.jp

印刷所　株式会社光邦
製本所　株式会社大進堂

ISBN978-4-10-610867-9　C0221

価格はカバーに表示してあります。